Hans-Georg Gradl

Siehe, ich mache alles neu

Hans-Georg Gradl

# Siehe, ich mache alles neu

Schöpfung im Neuen Testament

FREIBURG · BASEL · WIEN

© Verlag Herder GmbH, Freiburg im Breisgau 2022
Alle Rechte vorbehalten
www.herder.de
Umschlaggestaltung: Verlag Herder, Freiburg
Satz: Barbara Herrmann, Freiburg im Breisgau
Herstellung: GGP Media GmbH, Pößneck
Printed in Germany
ISBN (Print) 978-3-451-39180-4
ISBN E-Book (PDF) 978-3-451-83180-5

# Inhalt

I. Wege ins Thema ................................. 9
1. Schöpfungserfahrungen ........................... 9
2. Uralte Schöpfungsmythen ......................... 11
3. Alttestamentliche Schöpfungserzählungen ......... 15
4. Neutestamentliche Schöpfungsaussagen ........... 21
5. Theologie und Naturwissenschaft ................. 24
6. Rhythmus und Gang der Untersuchung ........... 26

II. Der historische Jesus
   Portaltext: Lk 10,17–20 ........................... 29
1. Schöpfung und Reich Gottes ...................... 32
   1.1 Krankheit und Leid: Eine Welt im Argen ....... 33
   1.2 Zeichen und Wunder: Aufleuchten einer neuen Schöpfung ................................... 34
   1.3 Vertrauen und Hoffnung: Leben im Licht des Kommenden ................................. 35
2. Schöpfung als Lehrbuch und Wegweiser .......... 36
   2.1 Bild und Gleichnis ........................... 36
   2.2 Vater und Schöpfer .......................... 37
   2.3 Verantwortung und Leben .................... 39

III. Das Johannesevangelium
Portaltext: Joh 1,1–5 .......................... 45
1. Ein ethischer Dualismus: Leben oder Tod .......... 48
2. Die sieben Zeichen: Ein schöpfungstheologischer Horizont ............................................ 51
3. Eine neue Schöpfung: Das Leben siegt ............. 55

IV. Paulus
Portaltext: Röm 8,18–23 ......................... 59
1. Die Möglichkeit natürlicher Gotteserkenntnis ...... 63
2. Gott wirkt inmitten seiner Schöpfung .............. 64
3. Die Auferweckung Jesu als Schöpfungshandeln .... 66
4. Christus als Mittler einer neuen Schöpfung ........ 67
5. Verwandlung, nicht Vernichtung ................... 68
6. Ein Leben zwischen „schon" und „noch nicht" ..... 70

V. Ein hymnisches Intermezzo: Kol 1,15–20 ........ 73

VI. Die Apostelgeschichte
Portaltext: Apg 4,23–31 ......................... 79
1. Schöpfung und Schöpfer .......................... 85
2. Schöpfer und Geschöpf ........................... 89
3. Geschöpf und Machtkritik ........................ 91

VII. Die Johannesapokalypse
Portaltext: Offb 22,1–7 .......................... 95
1. Der Dreh- und Angelpunkt: Im Thronsaal des
   Schöpfers (Offb 4).................................. 102
2. Ein religiöser Wissensvorrat: Dreieinhalb Zeiten in
   Bedrängnis (Offb 12).............................. 107
3. Das Ziel der Schöpfung: Die himmlische Gottesstadt (Offb 21–22) .................................. 111

VIII. Die Schöpfung: Ein neutestamentliches
Panorama...................................... 115
1. Keine billige Romantik: Das Seufzen aller
   Schöpfung.......................................... 117
2. Mehr als Müll und Klima: Umweltschutz hat viele
   Facetten ........................................... 120
3. Gekreuzigte Liebe: Anpackende Solidarität und
   ernste Zuneigung .................................. 124
4. Eine ökumenische Chance: Schöpfung verbindet .. 126
5. Spiegel und Wegweiser: „Ich begegne ihm täglich." 129

Anmerkungen........................................ 133

Stellenregister ....................................... 137

# I. Wege ins Thema

## 1. Schöpfungserfahrungen

„Glauben Sie an Gott?" – Die Frage wurde einem renommierten Schmetterlingsforscher gestellt. Tag für Tag waren Schmetterlinge seine Welt. Er beobachtete und studierte ihre Entwicklung, die zarten Flügel und die prächtigen Farben. Dieser Schmetterlingsforscher wurde also gefragt: „Glauben Sie an Gott?" Seine Antwort hat mich beeindruckt: „Ich glaube nicht an Gott. Ich begegne ihm täglich in meiner Arbeit!"

In der Tat: Der Blick in die Schöpfung – hinauf zum sternenbekränzten Himmel, hinaus auf das weite Meer, zur Sonne und auf Berge oder eben auch auf einen Schmetterling – kann eine tiefe Gotteserfahrung bewirken. Das Alte Testament und gerade das Buch der Psalmen machen dies deutlich: „Die Himmel erzählen von der Herrlichkeit Gottes, das Firmament verkündet das Werk seiner Hände." (Ps 19,2) Die Schöpfung kann zum Erfahrungsraum Gottes werden. Die Schöpfung beinhaltet Spuren des Schöpfers. Sie beeindruckt und erzählt von einem planvollen Gestalten, von Größe und Glanz, von einem Willen und Walten hinter und über allen Dingen.

Je weiter man eindringt in die Feinheiten, Gesetzmäßigkeiten und die detailreiche Schönheit der Schöp-

## I. Wege ins Thema

fung, umso gefestigter mag die Überzeugung werden: All das kann doch nicht einfach Zufall sein! Nicht nur Mikroskop und Teleskop offenbaren eine präzis gesetzte Handschrift. Sie nennt der Glaube Gott und Schöpfer.

Das ist die eine Seite. Die Schöpfung ist aber nicht nur gut und schön. In der Schöpfung herrschen Werden und Vergehen, Wachstum und Welken, Duft und Gestank. Leben und Tod stehen nah beieinander. Die Schöpfung fasziniert, aber sie löst auch Entsetzen aus.

Man kann es drehen und wenden, wie man will: Eine billige Schöpfungsromantik muss vor der düsteren Seite der Schöpfung die Augen verschließen. So schön die Welt einerseits ist, so hässlich und grausam, so gebeutelt und unvollendet erscheint sie andererseits. Sie erzählt von einem planvollen Walten. Doch sie scheint nicht der Weisheit letzter Schluss zu sein. Man höre nur genau hin: Zur Schöpfung gehören eben auch die Schmerzensschreie aller Kreatur, Krankheit und Leiden, der Kampf ums Überleben und die Bedrohung des Lebens durch die Naturgewalten. Warum ist das so? Muss das so sein? Und wenn es so sein muss, warum? Die Schöpfung ist nicht einfach gut. Sie wirft Fragen auf.

Just in dieser Polarität der Schöpfung wurzelt die religiöse Frage nach der Schöpfung. Warum ist die Schöpfung so wie sie ist? Was ist der Sinn des Ganzen? Es geht hier nicht um Naturgesetze, um Evolution oder Biologie. Wie die Mechanik verläuft, wird von Seiten der Naturwissenschaft untersucht und erklärt. Der Theologie aber geht es um den Treibstoff, den Plan im Hintergrund und das Ziel der ganzen Anstrengung. Ausgangspunkt aller Theologie ist die Erfahrung: Sie schickt auf die Suche und lässt nachdenken.

Die Bibel ist eine zum Buchstaben geronnene Erfahrung: Schöpfungserfahrung und Gotteserfahrung. Um sie soll es hier gehen: Wie nimmt die Bibel die Schöpfung wahr? Was sagen Jesus und die Schriften des Neuen Testaments über die Schöpfung? Wir begeben uns auf die Suche nach einer Weisheit, von der man zehren kann und die – gerade heute – aktuell und brisant ist.

## 2. Uralte Schöpfungsmythen

Die Bibel entstand nicht im luftleeren Raum. Sie setzt sich aus vielen unterschiedlichen Büchern und Schriften zusammen. Schon vor der schriftlichen Abfassung der einzelnen Werke steht ein langer mündlicher Überlieferungsprozess. Die ältesten schriftlichen Teile des Alten Testaments stammen vom Anfang des ersten vorchristlichen Jahrtausends. Die jüngsten Schriften des Neuen Testaments dürften am Beginn des zweiten Jahrhunderts n. Chr. entstanden sein. Unterschiedlichste kulturelle, politische und soziale Hintergründe prägen die einzelnen biblischen Schriften. Die Bibel in all ihren Teilen trägt die Gewänder ihrer jeweiligen Entstehungszeit.

Insofern ist man gut beraten, auch die Schöpfungserzählungen am Anfang der Bibel aus der Zeit heraus zu verstehen, aus der sie stammen. Sie sind Teil eines Ge-

## I. Wege ins Thema

sprächs und einer theologischen Debatte. Was die Bibel über die Schöpfung sagt, lässt sich vor dem Hintergrund anderer Schöpfungsmythen schärfer fassen und klarer konturieren.

Eigens aussagekräftig sind zwei altorientalische Schöpfungsepen: Der *Atramchasis-Mythos* aus altbabylonischer Zeit (etwa aus der 1. Hälfte des 2. Jahrtausends v. Chr.) und der *Enuma-elisch-Mythos* aus der Zeit Nebukadnezzars (um 1100 v. Chr.).[1]

*Das Atramchasis-Epos* setzt in einer Urzeit ein, in der „die Götter Menschen waren" (I,1). Zur Erhaltung der Welt obliegt einer Gruppe von Göttern die Aufgabe, ein umfangreiches Bewässerungsnetz zu schaffen und instand zu halten. Unter den Göttern gibt es eine Hierarchie: obere und untere Gottheiten und vor allem solche, die mit niederen Aufgaben betraut sind. Nach Hunderten von Jahren rebellieren die arbeitenden Götter: Sie wollen keine Frondienste mehr leisten. Vielmehr soll der Mensch geschaffen werden, um die Arbeit der niedrigen Götter zu übernehmen. Das erste menschliche Wesen wird aus Lehm und den blutigen Überresten eines getöteten Gottes geformt. Die Muttergöttin Nintu legt dem Menschen – aussagekräftig genug – einen Tragekorb an: ein hilfreiches Utensil für die vorgesehene Fronarbeit des Menschen.

Jahrhunderte vergehen. Die Menschen vermehren sich und stören die Ruhe der Götter. Eine Flut wird losgelassen, um das Menschengeschlecht zu dezimieren. Allein Atramchasis und seine Familie werden gerettet. Sie sind der Anfang einer neuen Schöpfung. Dämonen und eine dem

## Uralte Schöpfungsmythen

Kultpersonal verordnete Kinderlosigkeit sollen eine abermalige Überbevölkerung verhindern. Die Arbeit für die Götter aber bleibt die Kernaufgabe des Menschen.

Schöpfungsepen sind Verständnishilfen und Deutungsangebote. Sie bieten – im „unhistorischen Raum angesiedelt"[2] – überzeitliche Erklärungsversuche auf die Frage, warum die Welt so ist, wie sie ist. Der Atramchasis-Mythos unterstreicht die göttliche Abstammung des Menschen. Er wird von einem Gott ersonnen und geformt. In seinen Adern fließt das Blut der Götter. Geschaffen aber wurde der Mensch, um den Göttern zu Diensten zu sein. Das ist die Bestimmung des Menschen: Er hat für die Götter zu arbeiten. Gefährlich und unberechenbar steht dem Menschen die Welt der Götter gegenüber. Räumlich und funktional sind ihm eindeutige Grenzen gesetzt: Ufert das Menschengeschlecht aus, schreiten die Götter ein. Die vernichtende Flut wird geschickt, weil das Geschrei und Treiben der vielen Menschen den Göttern schlichtweg auf die Nerven gehen. Der Mensch ist eben für die Götter da – nicht umgekehrt!

Das *Enuma-elisch-Epos* nennt zwei Wesen oder Seinsformen, die schon vor Erschaffung der Welt existierten: Apsû („der Uranfängliche") und Tiâmat („die alle gebar"). Aus ihnen gehen die Götter hervor, auch der Gott Ea, der seinen Vater Apsû tötet und mit seiner Gattin Damkina Marduk zeugt. Die weitere Geschichte trieft von Mordabsichten und Machtgelüsten, Intrigen und Kämpfen. Am Ende steht Marduk als siegreicher König der Götter da, der Tiâmat getötet und zerteilt und ihren Gatten Xingu vernichtet hat.

## I. Wege ins Thema

Bedeutsam für die Vorstellung von der Welt und für die Sicht des Menschen ist die Tatsache, dass der Kosmos aus dem toten Körper Tiâmats gestaltet und der Mensch aus dem Blut ihres toten Gatten Xingu gemacht wird.

> „Marduk wendet sich gegen Tiâmat. Furchtlos stürmt er in die Schlacht. Auf seinem Streitwagen stürmt er voran. Der Kampf gegen Tiâmat beginnt. (...) Marduk durchbohrt ihren Bauch mit dem Pfeil. Mittendurch spaltet er sie. (...) Marduk löscht Tiâmats Leben aus. Tiâmat ist nicht mehr. (...) Wie einen Fisch zerteilt er sie. Er hebt die eine Hälfte auf und befestigt sie als Himmel. Aus der anderen Hälfte erschafft er die Erde, die Länder und die Gebirge. (...) Aus Tiâmats Speichel macht er die Wolken, den Hauch der Nebel aus ihrem Gift. Aus ihren Augen strömen die Flüsse, der Eufrat und der Tigris. Dann ruht der Held von seinem Kampf, von seinem Schöpfungswerk. Und danach spricht er: ‚Gebein will ich bilden und ein Gewebe aus Fleisch und Blut. Ein neues Wesen soll entstehen: Mensch soll sein Name sein. Es soll uns dienen, uns, den Göttern.' Aus Xingus Blut erschafft Marduk den Menschen."[3]

Der Mensch wird somit auf der Seite der Unterlegenen lokalisiert: Er entstammt den Überresten der Besiegten und hat den Göttern zu dienen. Der gesamte Kosmos trägt die Gravuren eines Kampfes. Himmel und Erde erinnern an die Kraft und Größe Marduks, aber auch an das, was dem geschieht, der sich gegen Marduk stellt. Der Lebensraum des Menschen ist der recycelte Kadaver Tiâmats, was die

Welt- und Schöpfungswahrnehmung doch entscheidend prägen dürfte. Über allem schwebt der Gedanke an Konkurrenz und Krieg, an Kampf und Vernichtung. In diese Schöpfungsstruktur hat sich der Mensch einzufügen. Frieden ist anscheinend nur durch Gewalt zu erreichen und durch eine einschüchternde Macht zu sichern.

Das Epos vertritt ein Gottesbild, das von enormer Gewalt geprägt ist. Wie Gott am siebten Tag in der ersten Schöpfungserzählung des Alten Testaments ruht (Gen 2,2), so ruht auch Marduk, aber eben wegen eines vorausgegangenen, langen und kräfteraubenden Kampfes. Gewalt und Krieg sind der Schöpfung regelrecht eingestiftet, ist sie doch das Resultat einer blutigen Auseinandersetzung. Der gesamte Kosmos findet den Grund seiner Existenz in der überbordenden Machtfülle einer durchsetzungsfähigen Gottheit. Nicht Liebe oder der Wunsch nach einem Partner, nicht Güte oder Fürsorge rufen die Welt ins Dasein. Im Hintergrund der Schöpfung steht der Machthunger, dem auch der Mensch seine Existenz verdankt und zu dessen Befriedigung er geschaffen wurde.

## 3. Alttestamentliche Schöpfungserzählungen

Heutige Leserinnen und Leser haben nicht die besten Voraussetzungen, um die Schöpfungserzählungen am Beginn der hebräischen Bibel zu verstehen. Zu offensichtlich sind die Widersprüche zu dem, was Kosmologie und Astronomie, Physik und Biologie erforscht haben und lehren.

## I. Wege ins Thema

Die Welt ist eben nicht in sieben Tagen, sondern im Lauf von Jahrmilliarden entstanden. Der Mensch wurde nicht in einem einmaligen Akt – wie auf einer Töpferscheibe – geformt. Dahinter steht vielmehr ein langer und komplexer Entwicklungsprozess. Konflikte und Reibungen zwischen der Bibel und der Naturwissenschaft entstehen, wenn die Schöpfungserzählungen falsch eingeschätzt werden: wenn man sie als exakten Schöpfungs*bericht* verstehen will, statt sie als theologische Deutung der Welt und Wirklichkeit zu lesen. Die Schöpfungserzählungen treffen keine naturwissenschaftlichen Aussagen. Sie liefern keine astronomische oder physikalische Erklärung über das Werden der Welt und die Entstehung des Menschen. Sie sind von anderer Art. Es bedarf eines eigenen – der Gattung entsprechenden – Leseschlüssels und Deutungsansatzes.

Es ist auffällig, dass das Alte Testament zwei Erzählungen nebeneinandersetzen kann: die Erzählung von der Entstehung der Welt als Siebentage-Werk (Gen 1,1–2,4a) und die Erzählung vom Garten Eden und der Erschaffung des Menschen aus dem Staub des Ackerbodens (Gen 2,4b–25). Einen Widerspruch erkennt die hebräische Bibel darin offensichtlich nicht, weil es eben nicht um eine naturwissenschaftliche Aussage geht.

Beide Erzählungen stammen aus unterschiedlichen Zeiten und kulturellen Situationen. Die *erste Schöpfungserzählung* dürfte jüngeren Datums sein, der Zeit des babylonischen Exils erwachsen und aus dem 6. Jahrhundert v. Chr. stammen. Umgeben und herausgefordert von den Gottesvorstellungen und Welterklärungen Babylons, setzt

## Alttestamentliche Schöpfungserzählungen

Gen 1,1–2,4a ein mutiges Bekenntnis. Liest man die erste Schöpfungserzählung vor dem Hintergrund des doch blutrünstigen Enuma-elisch-Epos, wird die kontrastierende Aussage deutlich.

Die Welt ist nicht durch einen Kampf entstanden. Souverän schafft Gott – der eine und einzige Gott! – die Welt durch das Wort. Leicht wie im Spiel hängt er die Gestirne ans Firmament. Die Begriffe „Sonne" und „Mond" werden gar nicht gebraucht. Gen 1,14–18 spricht von Lampen: der großen und der kleinen Leuchte. In Babylon wurden die Gestirne als Gottheiten gesehen und verehrt. Die Botschaft ist offensichtlich: Gott steht über den Göttern Babylons. Die numinose Welt wird entzaubert. Sonne, Mond und Sterne sind keine furchteinflößenden Wesen, sondern das Werk Gottes.

Gott steht außerhalb der Schöpfung. Er mischt nicht in der Schöpfung mit wie die Götter Babylons. Insofern machen die Menschen ihm auch nichts streitig. Gott steht seiner Schöpfung unabhängig und frei gegenüber. Er handelt allein durch sein Wort. Er braucht die Schöpfung nicht für sein eigenes Auskommen. Die Welt wird geschaffen – ganz ohne Hintergedanken. Anders als im babylonischen Epos hat nicht der Mensch Gott zu versorgen. Die Welt wird vielmehr so eingerichtet, dass es ausreichend Lebensgrundlagen für alle Geschöpfe gibt. Aufrecht steht der Mensch inmitten der Schöpfung: nicht als Diener Gottes, sondern als sein – mit Verantwortung betrauter – Statthalter, als sein Bild (Gen 1,26–27).

Auch die Gottesvorstellung ist von gänzlich anderer Art. Furcht und Erschrecken löst dieser Gott nicht aus: Er

## I. Wege ins Thema

schwingt nicht die Keule und zückt nicht das Messer. Er schafft aus freien Stücken die Welt zum Nutzen der Geschöpfe. Er schaut auf deren Wohl und meint es gut. Tier und Mensch werden gesegnet (Gen 1,22.28). Von Hass und Eifersucht, von Drohung und Gewalt ist – anders als im Enuma-elisch-Epos – nirgends die Rede.

Auffällig ist die starke Rhythmisierung der ersten Schöpfungserzählung. Ein Tag folgt auf den anderen. Die Schöpfung verläuft geordnet. Sie vollzieht sich nach einer inneren Logik. Gleichlautende Wendungen strukturieren die Erzählung: „Es wurde Abend, und es wurde Morgen" (Gen 1,5.8. 13.19.23.31), „Gott sah, dass es gut war" (Gen 1,10.12.18. 21.25), „So geschah es" (Gen 1,7.9.11.15.24.30). Gott gibt seiner Schöpfung einen Takt und Kreislauf. Zyklen werden angelegt und Festzeiten bestimmt: Der Lauf der Gestirne formt Tage, Jahre und Festzeiten (Gen 1,14). „Genesis 1 beschreibt also die elementaren Zeit- und Lebensordnungen, wie sie sich aus der Erschaffung der Welt ergeben."[4]

Aus dem chaotischen Tohuwabohu des Anfangs (Gen 1,1) wird eine differenziert angelegte Welt geschaffen. Lebensräume und Nahrungsgrundlagen werden verteilt. Alles hat seine gute, lebenserhaltende Ordnung. Sogar die Ruhe wird im Rhythmus einer Woche fest verankert und der siebte Tag als Element des Ausspannens und der Erholung installiert.

Insofern ist diese Schöpfungserzählung auch eine wohlgemeinte Erinnerung, ein Auftrag: Die Schöpfung lebt von der Beachtung der Lebensräume, vom Schutz der Mitgeschöpfe, vom Einschwingen in den grundlegenden

## Alttestamentliche Schöpfungserzählungen

Schöpfungsrhythmus und von der Verantwortung dem Schöpfer gegenüber. In der Zeit des Exils oder noch unter dem Eindruck der Gefangenschaft verfolgt diese Schöpfungserzählung ein konkretes Ziel: Eine so gefasste Entstehungsgeschichte der Welt will Leben schützen und in geordnete Bahnen lenken, Lebensmöglichkeiten erhalten und chaotischen Zuständen wehren. Leben, Wachstum und Fülle ergeben sich aus der Beachtung der Ordnung, die von der ersten Schöpfungserzählung als Gravur des Schöpfers in der Schöpfung erkannt wird.

Die *zweite Schöpfungserzählung* ist älteren Datums und dürfte in vorexilischer Zeit, im 7. Jahrhundert v. Chr., entstanden sein. In ihr spiegeln sich die Vorstellungen und Interessen einer bäuerlichen, Ackerbau betreibenden Kultur und Gesellschaft. Schon am Anfang wird der Mensch grundlegend als derjenige bestimmt, „der den Erdboden bebaut" (Gen 2,5). Gott legt einen Garten an, damit sich der Mensch verwirklichen kann. Der Mensch wird regelrecht in diesen Garten eingepflanzt (Gen 2,8).

Wie die Tiere, so wird auch der Mensch aus dem Ackerboden geformt. Aus der gemeinsamen Herkunft ergibt sich eine tiefe, kreatürliche Zusammengehörigkeit. Der Garten als Lebensraum ist von Harmonie geprägt. Behutsam führt Gott die Tiere des Feldes und die Vögel des Himmels zum Menschen. Er soll sie benennen und eine Beziehung zu ihnen aufbauen. Auch der Mensch selbst wird als Beziehungswesen bestimmt. Als einzelner wirkt der Mensch sonderbar unvollständig im Garten Eden. Zur

## I. Wege ins Thema

Schöpfung gehört die Sorge des Schöpfers um Gemeinschaft und Partnerschaft. Als Monade und Einzelwesen war der Mensch nicht gedacht. Darum formt Gott aus der Rippe des Menschen die Frau. Eine Unterordnung oder Zweitrangigkeit lässt sich daraus nicht ableiten. Beide sind Geschöpfe Gottes, Menschen gleichen Ursprungs. Dem Erzählduktus nach geht es ja gerade darum, dass das erste Menschenpaar zur Gemeinschaft erschaffen wurde. Menschenwürde und Gleichberechtigung wurzeln – schöpfungstheologisch begründet – in der Überzeugung, dass der Mensch – jeder Mensch! – ein Geschöpf Gottes ist.

Wovon in der zweiten Schöpfungsgeschichte erzählt wird, ist ein sicherlich idealer Urzustand. Die Geschichte geht weiter und erreicht im Grunde erst mit Gen 9 die Jetztzeit der Adressaten. „Erst mit der Weltordnung von Genesis 9 ist die gegenwärtig erfahrbare Lebenswelt etabliert. Zugespitzt heißt das: Die biblische Schöpfungserzählung umfasst nicht Genesis 1, auch nicht Genesis 1–3, sondern Genesis 1–9."[5] Das Essen vom Baum der Erkenntnis, der erste Brudermord und eine zunehmend von Eifersucht und Boshaftigkeit bestimmte Geschichte münden in die Bemerkung: „Und es reute den Herrn, dass er den Menschen auf Erden gemacht hatte, und es bekümmerte ihn in seinem Herzen." (Gen 6,6)

Zwischen Gen 1 und Gen 6 liegen Welten. Die Flut löscht aus, was einmal gut gedacht war und gut geschaffen wurde. Die Erzählung von Noach und der Arche ist im Grunde eine weitere und neue Schöpfungsgeschichte: Aus dem Wasser entsteht neues Leben. Doch die Welt hat sich verändert: Es braucht Regeln und Gesetze zur Bewahrung der Schöpfung. Über allem steht das Bundeszeichen Gottes, der trotz allem zu seiner Schöpfung hält. Mit Gen 9 sind wir in der Realität angekommen, wie sie damals und heute noch erlebt und erlitten wird: in einer Schöpfung, die gefallen und bedroht ist.

Hier setzt auch jene Hoffnung an, von der etwa Jes 65–66, aber auch das letzte Buch des Neuen Testaments, die Johannesapokalypse, sprechen: die Hoffnung auf eine Neuschöpfung, „einen neuen Himmel und eine neue Erde" (Jes 65,17; Offb 21,1). Die alttestamentlichen wie auch die neutestamentlichen Schöpfungsaussagen umfassen diesen theologischen Dreiklang: das Bekenntnis zu einer von Gott gut gedachten Schöpfung, die Erfahrung einer als bedrohlich empfundenen Schöpfung und die Hoffnung auf eine – in der gegenwärtigen Schöpfung teils schon erahn- und erfahrbare – Neuschöpfung.

## 4. Neutestamentliche Schöpfungsaussagen

Im Unterschied zum Alten Testament wird im Neuen Testament das Thema „Schöpfung" nicht explizit behandelt. Derart markante Schöpfungserzählungen wie Gen 1 und Gen 2 finden sich im Neuen Testament nicht. Es gibt keinen einzelnen Text, der genügen würde und repräsentativ für *die* Sicht des Neuen Testaments stehen könnte. Die Aussagen sind kleinteilig, über alle Schriften verstreut und oft nur Teilaspekte größerer Themenkreise. Leicht

## I. Wege ins Thema

macht es uns das Neue Testament mit dem Thema „Schöpfung" nicht.

Das Neue Testament umfasst 27 einzelne Schriften. Nicht alle sind gleichermaßen schöpfungstheologisch ergiebig. Und doch finden sich so viele – explizite und implizite – Bezugnahmen auf die Schöpfung, dass nicht alle Aussagen im gesetzten Rahmen dieses Buchs analysiert werden können. Was aber gelingen kann, ist ein Querschnitt, der die wesentlichen Inhalte einfängt und die urchristliche Sicht der Schöpfung verdeutlicht. Der Spannungsbogen reicht von der Botschaft Jesu über die Darstellung seines Lebens und Wirkens in den Evangelien und die – zumeist auf eine konkrete Gemeindesituation ausgerichtete – Briefliteratur bis hin zur Johannesapokalypse und der Rede von einem „neuen Himmel und einer neuen Erde" (Offb 21,1).

Die Grundüberzeugung, dass im Hintergrund der Welt ein guter Schöpfer steht, verbindet Altes und Neues Testament miteinander. Oder anders: Womöglich kommen die Autoren des Neuen Testaments ohne schöpfungstheologische Systematik aus und können sich kurzfassen, weil sie die schöpfungstheologische Grundüberzeugung der hebräischen Bibel voraussetzen. Dieser Glaube an einen Schöpfer wird im Licht des Lebens und der Botschaft Jesu entfaltet. Vor dem Hintergrund seiner Reich-Gottes-Botschaft, aber auch durch sein Wirken, durch seinen Tod und den Glauben an seine Auferweckung wachsen der Rede und der Vorstellung von der Schöpfung neue Inhalte und Hoffnungspotenziale zu.

## Neutestamentliche Schöpfungsaussagen

Die im Neuen Testament verwendeten Begriffe für die Schöpfung sind sehr verschieden. Es ist die Rede von der Schöpfung (κτίσις), von schaffen (κτίζω) und machen (ποιέω), von der Grundlegung der Welt (καταβολὴ κόσμου), vom Kosmos (κόσμος), vom Himmel (οὐρανός) und von der Erde (γῆ), aber auch von den Lilien auf dem Feld, den Raben und dem Ackerboden, von Samen, Senfkorn und Feigenbaum.[6]

Übersehen werden sollte nicht, was im Übrigen auch für den deutschen Sprachgebrauch gilt: Das Wort „Schöpfung" ist im Grunde schon ein Glaubensbekenntnis. Der Begriff setzt voraus, dass etwas geschaffen wurde, dass die Welt als Schöpfung und der Mensch als Geschöpf auf einen Schöpfer zurückgehen.

So unterschiedlich die verwendeten Begrifflichkeiten sind, so viel Spürsinn ist notwendig, um wirklich entscheidende Schöpfungsaussagen zu finden. Anhand der Worte allein und nur mit Blick auf die Häufigkeit oder das Vorkommen einzelner Lexeme lässt sich kein zielführender Pfad zur neutestamentlichen Schöpfungstheologie finden. Spannend wird es auch dort, wo scheinbar gar nicht von der Schöpfung gesprochen wird, das Thema aber doch zwischen den Zeilen präsent ist: etwa im Kontext von Heilungen und Wundern oder in der Gottesanrede Jesu.

I. Wege ins Thema

## 5. Theologie und Naturwissenschaft

Nach dem Blick auf die alttestamentlichen Schöpfungserzählungen und vor Beginn der Reise zu den neutestamentlichen Schöpfungsaussagen soll das Thema „Theologie und Naturwissenschaft" kurz beleuchtet werden. Hier lauern die größten Missverständnisse und Schwierigkeiten, um die biblischen Texte sachgerecht zu verstehen. Die Schöpfungserzählungen der Bibel stellen keinerlei Konkurrenz zu naturwissenschaftlichen Aussagen dar. Den biblischen Geschichten geht es um eine existentielle Wahrheit, die sie bilderreich und sprachgewaltig illustrieren. Die Naturwissenschaft fragt nach dem „Wie": Sie interessiert sich für die Entstehungsbedingungen, für Gesetzmäßigkeiten und Zeitverläufe, für die Architektur des Kosmos und die Baupläne von Pflanzen, Tier und Mensch. Die Theologie fragt nach dem „Warum". Sie interessiert der Sinn des Ganzen und der Grund, warum es überhaupt etwas gibt. Sie begreift die Schöpfung als Erkenntnismedium, um etwas über Gott und Mensch und das Geheimnis des Lebens in Erfahrung zu bringen.

Manchmal behelfe ich mir mit einem Satz aus der ersten Schöpfungserzählung, um das Verhältnis von Theologie und Naturwissenschaft zu erklären. Nicht weniger als sechs Mal findet sich in der ersten Schöpfungsgeschichte der Satz: „So geschah es." (Gen 1,7.9.11.15.24.30) Das ist, wie wenn die Erzählung der Naturwissenschaft eine Brücke bauen wollte. Hinter diesem „So geschah es" mögen Jahrtausende und Jahrmillionen liegen. Wie es geschah, erforschen Physik, Astronomie und Biologie. Sie erforschen das Geschehen, die Umsetzung und Durchführung des Schöpferworts. Zu diesem „So geschah es" mögen der Urknall, die Evolution und all das gehören, was sich eben naturwissenschaftlich über die Entstehung des Alls und der Erde, der Natur und des Menschen sagen lässt.

Naturwissenschaft und Theologie sind also auf zwei verschiedene Untersuchungsbereiche ausgerichtet, die jeweils beginnen bzw. enden, wo die andere Perspektive anfängt bzw. verstummt.[7] Eine Untersuchung der biblischen Schöpfungserzählungen sollte dies sehr genau im Blick behalten: Neben einer dezidiert naturwissenschaftlichen Beschreibung und Analyse der Welt interessiert sich die Bibel eben für eine theologische Sicht und Deutung des Lebens und des Menschen. Beide Sichtweisen ergänzen sich, wenn man nach dem großen Ganzen fragt.

Doch vor Grenzüberschreitungen muss gewarnt werden. Die Schöpfungserzählungen treffen keine physikalischen, biologischen oder astronomischen Aussagen. Es geht ihnen nicht um Zahlen, Daten oder krude Fakten, nicht um das „Wie" oder „Wann". Viel eher versuchen sie, Antworten zu geben auf Fragen, die womöglich erst nach oder schon weit vor einer wissenschaftlichen Betrachtung der Welt aufkeimen: Es geht um das „Woher", das „Warum" und „Wozu".

Gerade auch die Texte und Aussagen des Neuen Testaments sind theologischer Couleur und nicht als naturwissenschaftliche Abhandlungen zu missdeuten. Sie bilden – im Grunde wie jener eingangs erwähnte Schmetterlings-

## I. Wege ins Thema

forscher – eine Synthese. Sie liefern einen Interpretationsvorschlag für die vielen Eindrücke, Beobachtungen und Erfahrungen inmitten der Schöpfung. Sie stehen nicht im Widerspruch zur Naturwissenschaft. Eher liefern sie einen Deutungsschlüssel oder ein Koordinatensystem, um die Welt und das Leben einzuordnen, zu lesen und zu verstehen. Die eine Achse dieses Koordinatensystems heißt „Sinn", die andere „Ziel".

### 6. Rhythmus und Gang der Untersuchung

Noch ein Wort zur Route und zum Rhythmus dieser schöpfungstheologischen Lese-Reise durch das Neue Testament. Im Folgenden sollen fünf große Portaltexte in den Blick genommen und exegetisch analysiert werden. Das Durchschreiten dieser fünf Portale führt aus unterschiedlichen Richtungen an das Thema heran. Die Portale repräsentieren die perspektivische Vielfalt des Neuen Testaments und zugleich fünf zentrale Inhalte der neutestamentlichen Schöpfungslehre. Das Studieren dieser Texte soll Einsichten schenken, aber auch weiterführende Perspektiven eröffnen.

Auf die exegetische Lupe folgt das theologische Fernglas: Ausgehend vom Portaltext lässt sich jeweils der Blick weiten, die Vernetzung der einzelnen Aussagen erreichen und eine Synthese anstreben.

Ganz am Ende schließlich geht es um ein neutestamentliches Panorama: um den Rückblick, aber auch um den Ausblick. Es wäre sicher zu wenig, das Neue Testament nur als wohlfeiles Kompendium oder als abstrakten theologischen Wissensschatz zu begreifen. Die Bibel nimmt niemand die Antwort ab, aber zielt doch stets auf das persönliche Gespräch und die individuelle Auseinandersetzung. So besitzt auch die Rede von der Schöpfung im Neuen Testament Handlungscharakter. Der Wunsch sei jedenfalls fest an die Auslegung der Texte geknüpft. Vielleicht gelingt es, anhand der Erfahrungen der Urahnen unseres Glaubens – geronnen in den Worten der Heiligen Schrift – einen neuen Zugang zur Schöpfung zu gewinnen und im Lesen der Texte den Schöpfer selbst zu erahnen: „Ich begegne ihm täglich in meiner Arbeit!"

## II. Der historische Jesus

Lk 10,17–20

¹⁷ Die zweiundsiebzig Jünger kehrten voll Freude zurück und sagten: Herr, selbst die Dämonen gehorchen uns in deinem Namen. ¹⁸ Er aber sprach zu ihnen: Ich sah den Satan wie einen Blitz aus dem Himmel fallen. ¹⁹ Seht, ich habe euch die Macht gegeben, auf Schlangen und Skorpione zu treten und über alle Kraft des Feindes, und nichts wird euch schaden. ²⁰ Doch freut euch nicht darüber, dass euch die Geister gehorchen, sondern freut euch, dass eure Namen in den Himmeln aufgeschrieben sind.

Der zentrale Inhalt der Verkündigung Jesu ist die Gottesherrschaft.[8] Das älteste Evangelium des Neuen Testaments macht dies sehr deutlich. Die ersten Worte Jesu im Markusevangelium lauten: „Die Zeit ist erfüllt, und nahe gekommen ist das Reich Gottes. Kehrt um und glaubt an das Evangelium!" (Mk 1,15) Die Reihenfolge ist wichtig. Es heißt ja nicht: Kehrt um, dann kommt das Reich Gottes. Die Gottesherrschaft ist ein Geschenk, das sich der Mensch nicht verdienen kann oder verdienen muss. Am Anfang steht eine einladende Zusage: Weil Gott beschlossen hat, seine Herrschaft aufzurichten, kann und soll sich der Mensch darauf einlassen: „Kehrt um und glaubt an das Evangelium!"

## II. Der historische Jesus

Letztlich lässt sich das ganze Leben und Wirken Jesu im Licht dieses zentralen Drehmoments seiner Verkündigung verstehen. Das Reich Gottes ist nahe. Es wird erfahrbar in Jesu Wirken, in seinen Zeichen und Machttaten. Jesus erläutert die Inhalte und Wertigkeiten der Gottesherrschaft in zahlreichen Bildern und Gleichnissen. Die neue Logik des Gottesreichs buchstabiert sich aus in der Ethik Jesu, im Charakter der Nachfolge und in der Gemeinschaft der Jünger, aber auch im Aufruf, zu vergeben und die Feinde zu lieben.[9] Selbst der Tod Jesu steht noch im Zeichen der Gottesherrschaft. Jesus gibt die Hoffnung auf die Vollendung des Reichs nicht auf.[10] Auch sein Tod kann daran nichts ändern: „Amen, ich sage euch: Ich werde von der Frucht des Weinstocks nicht mehr trinken bis zu jenem Tag, da ich von Neuem davon trinken werde im Reich Gottes." (Mk 14,25)

Die Jünger Jesu nehmen an der Verkündigung der Gottesherrschaft teil. Der erste Portaltext steht im Kontext der Aussendung und der Rückkehr der Jünger. Sie haben erste zarte Gehversuche unternommen und kehren mit positiven Eindrücken zurück. Freudig erstaunt berichten sie von ihren Erfahrungen. Sie lernen, die Sicht Jesu zu teilen und seine Botschaft weiterzusagen.

Das von Jesus gebrauchte Bild vom Satanssturz ist integraler Bestandteil der Rede Jesu von der Gottesherrschaft. Dem Wortsinn nach heißt Satan eigentlich „Ankläger" oder „Feind". Das ist seine ureigene Aufgabe. Das Buch Ijob macht dies deutlich: Der Satan steht am Thron Gottes und klagt die Menschen an (Ijob 1,6–11). Er hintertreibt und stört das gute Verhältnis zwischen Gott und Mensch.

## II. Der historische Jesus

An anderer Stelle wird zu seiner Identifikation das griechische Wort Diabolos (διάβολος) verwendet: Durcheinanderwerfer.[11] Was gut gedacht und konzipiert war, bringt er in Schieflage.

Dieser Satan verliert seinen Platz im Himmel – unwiederbringlich! Ein Blitz kehrt ja nicht wieder in den Himmel zurück. Er entlädt sich auf Erden. Im Himmel wird die Gottesherrschaft schon gefeiert. Auf Erden dagegen bleibt noch viel zu wünschen übrig. Diese Welt ist (noch) geknechtet und der Macht des Bösen unterworfen. Die Aufzählung spricht Bände: Dämonen, Schlangen und Skorpione illustrieren die dunkle Seite der Schöpfung. Auch Krankheiten und Leiden wurden – dem damaligen Weltbild entsprechend – als Trabanten und Wirkungen des Bösen verstanden.

Das Bild vom Satanssturz dient zur Deutung und Erläuterung der Welt und Wirklichkeit. Den Inhalt dieses religiösen Wissensvorrats muss man sich auf der Zunge zergehen lassen: So wie die Schöpfung gerade ist, war sie nicht gedacht. Gott zeichnet nicht für das Böse in der Welt verantwortlich. Im Gegenteil: Er hat begonnen, seine Herrschaft vollends durchzusetzen. Das Wirken Jesu – und das der Jünger – drängt die Macht des Bösen auf Erden zurück. Im Tun und Handeln, in den Heilungen und Exorzismen blitzt – für einen Moment zumindest – schon das Reich Gottes auf. Der Himmel greift um sich. So müsste es sein!

Am Ende steht der Hinweis auf eine himmlische Bürgerliste. Über allem Tun der Jünger wölbt sich ein planvoll handelnder Himmel. Gott und Mensch arbeiten zusammen. Die Vollendung erreicht der Mensch nicht aus eigener Kraft. So wichtig aller Einsatz ist, die himmlische Bürgerliste lässt klar und deutlich erkennen, dass der Himmel und eine erneuerte Schöpfung letztlich doch Tat und Geschenk Gottes sind. Zwischen den Zeilen kommt ein Gott zum Vorschein, dem Erde und Mensch nicht gleichgültig sind. Er lässt die Welt eben nicht zum Teufel gehen. Er gibt seine Schöpfung nicht auf. Er verfolgt einen Plan, damit es (wieder) heißen kann: „Gott sah alles an, was er gemacht hatte, und siehe, es war sehr gut." (Gen 1,31)

## 1. Schöpfung und Reich Gottes

Man wird nicht sagen können, dass Jesus die Verkündigung oder Erwartung der nahen Gottesherrschaft erfunden hat. Die Rede vom Reich Gottes ist nicht Alleinstellungsmerkmal Jesu. Dem vielgestaltigen Judentum zur Zeit Jesu ist die Vorstellung vom Reich Gottes nicht fremd. Die Pharisäer wollen die Gottesherrschaft durch die genaue Erfüllung des Gesetzes verwirklichen. Zeloten versuchen, die Herrschaft Gottes notfalls mit militärischer Gewalt durchzusetzen. Schon das Alte Testament kennt die Rede von Gott als König.[12]

Eigen und aussagekräftig aber ist die Art und Weise, wie Jesus vom Reich Gottes spricht. Auch die Zentralität des Themas in der Verkündigung Jesu darf erstaunen. Die Gottesherrschaft ist das zentrale Drehmoment, das alle anderen Themen tränkt. Von der Erwartung der Got-

## Schöpfung und Reich Gottes

tesherrschaft her nimmt Jesus die Welt und den Menschen, aber auch die Schöpfung wahr. Schöpfung und Reich Gottes stehen in der Verkündigung Jesu in einem engen, sich wechselseitig erklärenden und ergänzenden Verhältnis.

### 1.1 Krankheit und Leid: Eine Welt im Argen

Naiv und naturromantisch ist Jesu Wahrnehmung der Schöpfung nicht. Breitflächig und übereinstimmend bezeugen die neutestamentlichen Evangelien, dass Jesus sehr genau um die Begrenztheit und Gebrochenheit der Schöpfung weiß. Sein Wirken spielt an unwirtlichen Orten der Welt. Jesus begegnet Lahmen, Krüppeln, Blinden und Aussätzigen. Er empfindet Mitleid und seufzt angesichts von Krankheit und Leid (Mk 7,34). Er weint über den Tod seines Freundes Lazarus (Joh 11,35). Nein, schwärmerisch ist Jesu Sicht auf die Schöpfung nicht. Er kennt karge Äcker und Hunger, Unkraut und Disteln, einen fruchtlosen Feigenbaum und auch die erschreckende und vernichtende Naturgewalt eines Seesturms.

Der Ursprung von Leid und Schmerzen in der Welt bleibt im Dunkeln. Jesus vertritt keinen einfachen Tun-Ergehen-Zusammenhang und ergeht sich nicht in simplen Schuldzuweisungen (Joh 9,3). Der Mensch ist nicht oder nur bedingt für sein leidvolles Schicksal verantwortlich. Damit grenzt sich Jesus von den Erklärungsmustern seiner Zeit ab. Krankheit und Leid begreift er als Herausforderung: als Gelegenheit zur mitfühlenden Hilfe.

II. Der historische Jesus

## 1.2 Zeichen und Wunder: Aufleuchten einer neuen Schöpfung

Ein Spitzensatz Jesu, der viel von seiner Sicht der Schöpfung einfängt, lautet: „Wenn ich doch durch den Finger Gottes die Dämonen austreibe, dann ist das Reich Gottes zu euch gelangt." (Lk 11,20) So versteht Jesus sein therapeutisches und exorzistisches Wirken: Der Wille Gottes kommt darin zum Ausdruck. Das Reich Gottes greift um sich. Für einen Moment blitzt im Verschwinden von Mangel und Begrenztheit, von Schmerzen und Leid das auf, was Gott mit seiner Schöpfung wollte und auch weiterhin will.

Ein zentraler Verhaltenszug Jesu ist die fraglose Zuwendung zu Armen und Kranken. Es geht also nicht nur darum, den materiellen Mangel oder das physische Gebrechen zu heilen. Der Mensch wird gerade nicht darauf reduziert. Heilung bedeutet mehr als körperliche Gesundheit oder Unversehrtheit. Jesus bewirkt Gemeinschaft, überwindet kultische, religiöse, soziale und ethnische Schlagbäume. Zu einer erneuerten Schöpfung gehört auch ein verändertes Zu- und Miteinander der Menschen: das Durchbrechen von klaren Grenzziehungen, der Verzicht auf Schuldzuweisungen und ein selbstloses, den Nächsten liebendes Verhalten. Auch die Verhaltensweisen und der Statusverzicht der Jüngergemeinschaft illustrieren insofern das Reich Gottes.

## 1.3 Vertrauen und Hoffnung: Leben im Licht des Kommenden

Glaube ist für Jesus die Antizipation der Zukunft. Mit der Aussicht auf das Kommende, unter den Augen eines Gottes, der den Menschen liebt und eine heilvolle Zukunft bereithält, verändern sich die Wertmaßstäbe. Dieser Glaube modifiziert und strukturiert auch die Begegnung und den Umgang mit der Schöpfung. Die Welt als gefallene und gebrochene Schöpfung Gottes ist Geschenk und Aufgabe. An keiner Stelle findet sich in der Jesustradition irgendeine Form von Ausbeutung oder Missbrauch. Im Gegenteil: Gläubige Schöpfungsbegegnung umfasst Bescheidenheit, Verzicht und Genügsamkeit. Gieriges Raffen und selbstsüchtiges Sammeln erscheinen als Ausdruck einer gottvergessenen Lebenshaltung: „Euer Vater weiß doch, dass ihr das braucht." (Lk 12,30) Die Schöpfung gibt, was der Mensch zum Leben nötig hat.

Damit ist der Gedanke verbunden, dass jeder Mensch Recht auf die Güter der Erde besitzt. Die Brotbitte im Vaterunser steht im Plural: Es geht nicht nur um mein Brot, sondern „unser Brot" (Mt 6,11). Integraler Bestandteil der Bitte sind also auch die Sorge um die Not des Nächsten, die eigene Bereitschaft zum Teilen und die Überwindung selbstsüchtigen Verhaltens. Solche Werte haben Zukunft. Den Menschen sieht Jesus nicht als Großgrundbesitzer der Schöpfung. Er ist Pächter und Diener. Die Erde ist ihm nur geliehen und zur verantwortlichen Pflege anvertraut.

II. Der historische Jesus

## 2. Schöpfung als Lehrbuch und Wegweiser

Eine explizite und systematische Schöpfungstheologie findet sich in der Verkündigung Jesu nicht. Die Aussagen sind verstreut und oft in den Kontext anderer Themenkreise eingebettet. Die Sicht Jesu lässt sich eher indirekt und implizit erkennen. Und dennoch: Aufs Ganze gesehen spiegelt sich in der Haltung und dem Verhalten Jesu eine enorme Achtung vor der Schöpfung. Besonders zu unterstreichen ist die Art und Weise, wie Jesus für die Güter der Schöpfung dankt, wie er von der Schöpfung spricht und inmitten der Schöpfung – als jüdischer, heimatloser Wanderprediger – lebt.

### 2.1 Bild und Gleichnis

Immer wieder greift Jesus in seinen Gleichnissen und seiner Verkündigung auf die Schöpfung zurück. Wohlwollend und liebevoll spricht er von Vögeln und Pflanzen. Die Schöpfung dient ihm als Erkenntnismedium! Von der Schöpfung kann man lernen: „Achtet auf die Raben" (Lk 12,24), „seht euch die Lilien an" (Lk 12,27). Selbst das Gras auf dem Feld dient ihm als Anschauungsmaterial (Lk 12,28).

Jesus zieht Schlüsse „a minore ad maius", vom Kleinen zum Großen. Was sich am Kleinen ablesen lässt (an den Raben, an den Lilien oder am Gras), das gilt doch – umso mehr und erst recht – für das Große, für den Menschen. Der Blick in die Schöpfung untermauert das Vertrauen in

## Schöpfung als Lehrbuch und Wegweiser

die Vatersorge Gottes. Die Schöpfung ist Spiegel und Offenbarungsmedium des Schöpfers. Das Wachsen und Werden der belebten und unbelebten Natur birgt Einsichten für den Menschen.

Jesus greift auf die Schöpfung zurück, um die Botschaft vom Reich Gottes zu veranschaulichen. Das Senfkorn (Mk 4,31–32) illustriert – trotz des kleinen und unscheinbaren Anfangs – das unaufhaltsame Wachstum des Gottesreichs. Am Unkraut auf dem Weizenfeld (Mt 13,24–30) lässt sich die Geduld Gottes bis zur Ernte erkennen. Die Aufnahmebereitschaft der Menschen wird mit unterschiedlichen Bodenbeschaffenheiten (Mk 4,3–9) – mit einem steinigen Weg oder mit fruchtbarer Humuserde – verglichen. Wie die Saat, so bringt auch das Wort Gottes gestaffelten Ertrag: „dreißigfach, ja sechzigfach und hundertfach" (Mk 4,8.20).

Wie Jesus von der Natur spricht und wie er auf sie als Erkenntnismedium zurückgreift, zeugt von einer enormen Achtung vor der Schöpfung und von der einzigartigen Würde, die er ihr zumisst.

### 2.2 Vater und Schöpfer

Jesuanisches Urgestein dürfte die Anrede Gottes mit dem Wort „Abba" (Vater) sein (Mk 14,36; Mt 6,9.14.26.32; 15,13; Lk 11,2.13). Dem Judentum und der paganen Antike war die Anrede Gottes als Vater zwar nicht gänzlich unbekannt, das Wort „Abba" wurde aber nicht oder nur äußerst selten verwendet.

## II. Der historische Jesus

Den Urchristen prägt sich diese Gottestitulatur als Markenzeichen der Gottesbeziehung und Gottesbeschreibung Jesu ein (Röm 8,15; Gal 4,6). Die Natur und die Schöpfung dienen Jesus zur Illustration dieser Vatersorge. Gott lässt wachsen und reifen. Gott gibt Nahrung und Brot. Er lässt die Sonne aufgehen und spendet Regen. Die Tatsache, dass die Welt überhaupt ist, dass jeden Tag ein neuer Morgen dämmert, zeugt von dieser umfassenden Güte und Vatersorge Gottes.

Allzu leicht mag man vergessen: Wenn Gott Vater ist, dann ist der Mensch – jeder Mensch! – sein Kind. Integraler Bestandteil der Abba-Anrede ist eine fundamentale Gleichwertigkeit und Würde aller Menschen. Unter den Augen Gottes gibt es keine Einzelkinder. Als Geschöpf Gottes ist jeder Mensch geadelt und ausgezeichnet, gleichermaßen wertvoll und geliebt.

Im Glauben an einen Schöpfergott lässt sich die Menschheit nur als Familie verstehen. Daraus resultiert eine tiefe Solidarität untereinander. Zu erinnern wäre wieder an das Herrengebet und die Brotbitte. Schon mit der Anrede „Vater unser" verstehen sich jede Beterin und jeder Beter als Teil einer – von Gott geschaffenen und um ihn versammelten – Gemeinschaft. Darum ist das Brot auch nicht mein Brot. Die Bitte lautet ja: „Gib *uns* heute das Brot, das *wir* nötig haben." (Mt 6,11) Dass die Schwester hungert, kann dem Bruder nicht egal sein – und umgekehrt. Den Kindern Gottes als große Menschheitsfamilie ist die gemeinsame Verantwortung für die Erde anvertraut und das je gleiche Recht gegeben, auf und von dieser Erde zu leben.

## Schöpfung als Lehrbuch und Wegweiser

Gott ist Vater und Schöpfer. Für das Menschenbild heißt dies: Der Mensch ist nicht sein eigener Herr, sondern ein bedürftiges und abhängiges Geschöpf. „Wer von euch kann mit all seiner Sorge seine Lebensspanne auch nur um eine Elle verlängern?" (Lk 12,25) Gott steht am Anfang der Schöpfung und am Ende des Lebens. Der Mensch ist nicht allmächtig und nicht autark. Er lebt von Dingen, die er nicht selbst schafft oder schaffen kann. Er ist und bleibt ein Geschöpf Gottes. Leben und Welt sind als „creatio continua" zu verstehen, als eine Schöpfung, die von Gott fortwährend – Sekunde für Sekunde – im Dasein gehalten wird. Wenn Gott seine Schöpfung nicht trägt und am Leben erhält, sinkt sie ins Nichts: „Nimmst du ihnen den Atem, so schwinden sie hin und kehren zurück zum Staub der Erde." (Ps 104,29)

### 2.3 Verantwortung und Leben

Aus dem Glauben an den Schöpfer und aus der Beobachtung der Schöpfung zieht Jesus ethische Schlussfolgerungen. Gott „lässt seine Sonne aufgehen über Bösen und Guten und lässt regnen über Gerechte und Ungerechte" (Mt 5,45). Die Einsicht wird zum Verhaltensmaßstab. Es geht darum, Kinder „dieses Vaters im Himmel zu werden" (Mt 5,45). Der Gedanke ist der griechisch-römischen Antike und auch dem rabbinischen Judentum nicht fremd. So bemerkt etwa Lucius Annaeus Seneca um die Mitte des 1. Jahrhunderts in seinem Werk „De Beneficiis": „Wenn du die Götter nachahmst (...), dann gib auch den

## II. Der historische Jesus

Undankbaren Gutes; denn die Sonne geht auch über den Verbrechern auf und den Seeräubern stehen die Meere offen." (IV 26) Gegen Ende des 3. Jahrhunderts noch wundert sich Rabbi Abbahu über diese Großherzigkeit Gottes: „Der Tag des Regens ist noch größer als die Auferstehung der Toten. Denn die Auferstehung der Toten gilt den Gerechten, der Regen aber den Gerechten und Gottlosen." Wer in der Schöpfung Gott am Werk sieht, der kann von ihm Langmut und Geduld, Güte und Fürsorge lernen.

Jesus leitet aus dieser Treue Gottes gegenüber seiner – durchaus auch auf Abwege geratenen und böse gewordenen – Schöpfung radikale Forderungen ab: „Liebt eure Feinde und tut Gutes und leiht, wo ihr nichts dafür erhoffen könnt. Dann wird euer Lohn groß sein, und ihr werdet Söhne des Höchsten sein, denn er ist gütig gegen die Undankbaren und Bösen." (Lk 6,35) Wer die Schöpfung liebt, aber den Bruder hasst, hat von den Gravuren des Schöpfers in der Schöpfung noch nicht viel verstanden.

Mit Bedacht wären demzufolge auch die Personalpronomina „mein", „dein" und „unser" zu verwenden. Man kann darüber diskutieren, was denn genau dem reichen Kornbauern in Lk 12,16–20 zum Vorwurf gemacht werden kann. Im Grunde tut er, was nur sinnvoll und verständlich ist: Er sammelt und sorgt vor, er plant und sichert seine Existenz. Was ihm fehlt, ist wohl der Blick auf andere Menschen. Er kennt nur den Singular, nur „ich", „mir" und „mein". Was ist denn mit den Arbeitern, mit der Familie, mit allen „Zulieferern", ohne die sich der Erfolg des Landwirts kaum erklären lässt? Was ist mit den – verschuldet oder unverschuldet – in Not geratenen Nächsten? Was ist schließlich mit der Verantwortung gegenüber Gott, der wachsen ließ, Sonne spendete und Regen schenkte? Die Schöpfung ist Gabe und Aufgabe. Wer sie selbstsüchtig als Eigentum sieht und nutzt, missbraucht sie.

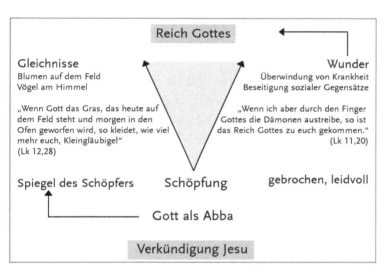

Abb. 1: Schöpfung in der Verkündigung Jesu

Das Thema „Schöpfung" stellt keinen gesonderten Traktat in der Verkündigung Jesu dar. Jesus spricht von der Schöpfung im Kontext seiner Rede von Gott und der Reich-Gottes-Botschaft (Abb. 1). In der Schöpfung sieht Jesus einen guten Gott am Werk, den er vertrauensvoll als „Abba" anspricht. In seiner Verkündigung illustriert die Schöpfung das Wachsen und Wesen des Gottesreichs. Trotz aller posi-

## II. Der historische Jesus

tiven Wertschätzung weiß Jesus um die Gebrochenheit und die leidvolle Seite der Schöpfung. Seine Zeichen und Wunder machen die mit dem Reich Gottes verbundene Hoffnung anschaulich und greifbar (Abb. 1). In der Überwindung von Krankheit und Leid scheint die Schöpfung schon für einen Moment geheilt zu sein. Fester Bestandteil der Reich-Gottes-Hoffnung ist die Befreiung der Welt und des Menschen von aller Gebrochenheit und Gebrechlichkeit. Die frühen Christen verstehen schließlich die Auferweckung Jesu aus dem Tod als ultimatives Zeichen für den Anbruch einer neuen Schöpfung: Als „Erstling der Entschlafenen" (1 Kor 15,20) steht Jesus am Beginn einer vollendeten Schöpfung. Ihr sehnt sich die gesamte gegenwärtige – dem Leid und dem Tod unterworfene – Schöpfung entgegen.

In der Verkündigung Jesu ist das Thema „Schöpfung" Teil eines umfassenden theologischen Netzwerks. Alles hängt zusammen: Gottesbild und Menschenbild, der Glaube an Gott und die Wahrnehmung der Schöpfung, das Verständnis des Menschen und die Sicht der Welt. Wenn die Schöpfung Gottes Werk und Geschenk ist, bleibt sie an seinen Willen gebunden. Dann aber ist sie nicht länger Selbstbedienungsladen, sondern ein allen Menschen – gegenwärtigen und zukünftigen – anvertrauter Lebensraum.

Ob wir den Facettenreichtum des Themas „Schöpfung" heutzutage wohl begriffen haben? Wie Jesus von der Schöpfung spricht, macht deutlich: Schöpfungsverantwortung und Umweltschutz sind keine isolierbaren Themen.

## Schöpfung als Lehrbuch und Wegweiser

Wie wenn man Müll vermeiden, aber den Nächsten als wegwerfbare Ware benutzen könnte? Ein verantwortlicher Umgang mit der Schöpfung erwächst grundlegenden Fundamenten und steht in engem Zusammenhang mit vielen weiteren Fragen und Themen: mit der Frage nach Gott und dem Glauben, mit dem Menschenbild und den Maßstäben ethischen Handelns. Schöpfungsverantwortung ist Teil eines Lebensentwurfs, will sie wirklich überzeugend und tragfähig sein.

# III. Das Johannesevangelium

Joh 1,1–5
[1] Im Anfang war der Logos, und der Logos war bei Gott, und Gott war der Logos. [2] Dieser war im Anfang bei Gott. [3] Alles ist durch ihn geworden, und ohne ihn wurde auch nicht eines. Was geworden ist, [4] in ihm war Leben, und das Leben war das Licht der Menschen; [5] und das Licht scheint in der Finsternis, aber die Finsternis hat es nicht ergriffen.

Das Johannesevangelium beginnt mit einer Schöpfungserzählung eigener Art. „Im Anfang" erinnert an den Beginn der hebräischen Bibel (Gen 1,1), an die Schöpfung der Welt, an den Uranfang der Zeit. Doch hier geht es nicht um die Entstehungsgeschichte von Himmel und Erde. Johannes schaut noch weiter zurück: auf das, was war, bevor etwas wurde, bevor die Zeit und die erste Zelle, der erste Sonnenstrahl und der erste Wassertropfen entstanden sind.

Der Beginn des Johannesevangeliums bemüht sich um Anschlussfähigkeit: Er spricht verschiedene Leserkreise an, lockt sie und weckt Interesse. Der Begriff „Logos" musste philosophische Ohren aufhorchen lassen. Sowohl die griechisch-römische Philosophie wie das hellenistische Judentum kennen den Ausdruck. Das Bedeutungsspektrum ist umfassend.[13] Man mache doch die Probe aufs

## III. Das Johannesevangelium

Exempel und ersetze das Wort durch Ausdrücke, mit denen „Logos" übersetzt werden kann: Im Anfang war ein Plan, die Vernunft, der Sinn, das göttliche Walten, das Wort ...

Stück für Stück offenbart der Prolog des Johannesevangeliums, was es mit dem Logos auf sich hat. Zunächst einmal wird der Logos Gott ebenbürtig an die Seite gestellt. Das heißt: Gott ist – von Anfang an – in einer personalen Gemeinschaft. Gott ist Kommunikation, Rede, Austausch und Verbundenheit.

Dieser Logos ist an der Schöpfung entscheidend beteiligt. Mehr noch: Ohne ihn gäbe es sie nicht. Im Klartext heißt dies, dass die Schöpfung einer Gemeinschaft entspringt. Die Schöpfung trägt das Prägemal dieses Gottes. Zur Entstehungszeit des Johannesevangeliums griffen gnostische Konzepte um sich. Danach sei die materielle Welt ein verheerender Unfall: Alles Geschaffene sei übel und böse. Der Mensch müsse sich – durch die Erkenntnis, die Gnosis – davon befreien. Verantwortlich für die missglückte Schöpfung zeichnet ein Demiurg, ein recht fahriger und fragwürdiger Baumeister-Gott, dem die Welt – wie ein Klumpen nicht fertig modellierter Ton – entglitten und misslungen ist.

Hier aber wird die Schöpfung samt und sonders als Werk und Wille des Logos bezeichnet. Das nimmt der Schöpfung alle numinose Bedrohlichkeit. Sie ist kein Unfall, kein Schreckgespenst, kein von Demiurgen gemauerter Kerker. Die Welt als Schöpfung Gottes ist planvoll konzipiert, gut gemacht und mit Leben und Licht – zwei

## III. Das Johannesevangelium

theologischen Adelsprädikaten des Johannesevangeliums – ausgestattet.

Nun ist im Leben, weiß Gott, nicht alles glockenhell, zuweilen eher zappenduster. So hymnisch und positiv die ersten Sätze des Prologs auch sind, die Finsternis wird nicht verschwiegen. Auf der Erde ist nicht einfach alles gut und schön. Doch als Werk Gottes hat auch die noch so finstere Welt Aussicht auf ein gutes Ende. Die Finsternis wird nicht über das Licht siegen!

Im Johannesevangelium sagt Jesus von sich: „Ich bin das Licht, das in die Welt gekommen ist, damit jeder, der an mich glaubt, nicht in der Finsternis bleibt." (Joh 12,46) Im weiteren Verlauf präzisiert auch der Prolog: „Der Logos wurde Fleisch und hat unter uns gewohnt." (Joh 1,14) Hier nun wird vollends klar, was es mit dem Logos auf sich hat. Was diese Welt im Letzten hell macht, was Vertrauen stiftet und Hoffnung schenkt, ist – im eindrücklichen Bekenntnis des Johannesevangeliums – Jesus selbst: der menschgewordene Logos Gottes.

Der Prolog ist eine Schöpfungserzählung eigener Art. Noch vor der Schöpfung war der Logos. Er wurde nicht geschaffen, sondern war schon vor aller Zeit. Damit steht der Logos zum einen außerhalb der Welt, die ja geschaffen wurde. Zum anderen begab sich der Logos in die geschaffene Welt hinein und wurde Teil der Schöpfung: Der Logos wurde Fleisch. Was immer also Gott mit dieser Welt im Sinn hatte und hat, er kennt die Welt aus eigener Erfahrung. Er lässt die Welt nicht außen vor, sondern erhellt sie von innen heraus. Das hymnische Eröffnungsportal des Jo-

III. Das Johannesevangelium

hannesevangeliums stiftet Vertrauen: Welt und Leben entstammen nicht der Nacht, sind nicht Werke einer namenlosen Natur oder Produkte des blinden Zufalls. Im Hintergrund der Schöpfung steht eine innige Liebesbeziehung, eine Gemeinschaft: Gott und der Logos. Auf dieses Wort kann man sich verlassen.

## 1. Ein ethischer Dualismus: Leben oder Tod

Um das Johannesevangelium zu verstehen, ist ein Blick auf das vorausgesetzte Weltbild hilfreich. Viele Aussagen, die langen Reden Jesu und viele typisch johanneische Themen lassen sich in das nachfolgende Koordinatensystem (Abb. 2) einordnen und so besser begreifen. Im Johannesevangelium stehen sich zwei Bereiche gegenüber: die Welt Gottes und der Kosmos des Menschen.

Oben und unten, Gotteswelt und Menschenwelt haben sich radikal voneinander entfernt. Gegensätzliche Begriffe kennzeichnen den jeweiligen Bereich. Die Sphäre Gottes ist voller Licht, Leben, Geist und Wahrheit. Der Kosmos dagegen ist von Finsternis, Tod, Fleisch und Lüge geprägt (Abb. 2).

Dieser negative Zustand der Menschenwelt bestand aber nicht von Anfang an und war so auch nicht gedacht. Der Kosmos war nicht finster, er wurde finster, weil ihn die Menschen finster werden ließen: „Das Licht kam in die Welt, und die Menschen liebten die Finsternis mehr als das Licht; denn ihre Taten waren böse." (Joh 3,19)

## Ein ethischer Dualismus: Leben oder Tod

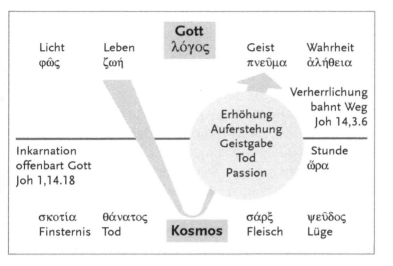

Abb. 2: Schöpfung im Johannesevangelium

Am Anfang war – hier bleibt das Johannesevangelium ganz auf dem Boden der biblischen Schöpfungssicht – die Welt gut: „In allem, was geworden ist, war Leben." (Joh 1,3–4) Der Gegensatz zwischen der Welt Gottes und dem Kosmos stellt also keinen ontischen (das Sein, das bare Wesen betreffenden) Dualismus dar. Es handelt sich um einen ethischen Dualismus: Der Gegensatz entsteht erst durch ein Verhalten, das sich eben gegen Licht und Leben, Geist und Wahrheit richtet. Oder anders: Die Schöpfung ist dort mit ihrem Ursprungssinn verbunden und auf dem richtigen Weg, wo sie ehrlich ist, Leben fördert oder auf geistvolle Dauer und nicht fleischliches Vergehen setzt.

## III. Das Johannesevangelium

Zug um Zug hat sich die Schöpfung von ihrem Schöpfer entfernt. Wem würde nicht die Erzählung vom Scheitern des ersten Menschenpaares in Gen 3 einfallen? Die Schöpfung wurde dunkel und kalt, leidvoll und vergänglich, bedrohlich und doppelzüngig.

In schöpfungstheologischer Hinsicht lautet die Spitzenaussage des Johannesevangeliums, dass Gott dennoch an seiner Schöpfung festhält: „Gott hat die Welt so geliebt, dass er seinen einzigen Sohn hingab, damit jeder, der an ihn glaubt, nicht verloren geht, sondern ewiges Leben hat." (Joh 3,16) Die Hingabe und Fleischwerdung des Logos macht in der obigen Graphik (Abb. 2) der Pfeil deutlich: Der Logos wird Fleisch. Er steigt in den Kosmos hinab und wird ein sterblicher Mensch. Er setzt sich der Lüge und der Finsternis aus und stirbt schließlich einen leidvollen Tod. Das Durchleben und Durchleiden der Menschenwelt aber hat eine offenbarende Funktion: Der Logos lässt mitten in der Finsternis der Menschenwelt das Licht aufleuchten: „Ein andermal sagte Jesus zu ihnen: Ich bin das Licht der Welt. Wer mir folgt, wird nicht in der Finsternis umhergehen, sondern das Licht des Lebens haben." (Joh 8,12)

Mitten in aller Gebrochenheit der Schöpfung und aller Todesverfallenheit des Menschen gibt es Leben, schon im Hier und Jetzt. Das Johannesevangelium versteht sich als Anleitung und Wegweiser, um dieses Leben zu finden. Es wurde niedergeschrieben, „damit ihr glaubt, dass Jesus der Gesalbte ist, der Sohn Gottes, und damit ihr als Glaubende Leben habt in seinem Namen." (Joh 20,31) Die Gegen-

## Die sieben Zeichen: Ein schöpfungstheologischer Horizont

wartsform ist wichtig: „das Leben habt". Hier wird keiner Diesseitsflucht oder Jenseitsvertröstung das Wort geredet. Es geht um ein erfülltes Leben inmitten dieser – schönen und hässlichen, zärtlichen und gewaltsamen, taghellen und stockfinsteren – Schöpfung. Wirkliche Erkenntnis von Sinn und Ziel ist nur gläubigen Augen verheißen. Wer glaubt, sieht mehr: die Welt nicht als launige Episode, sondern als Schöpfung Gottes; Jesus nicht als naiven Träumer, sondern als Gottes leibhaftiges Wort; die Zukunft nicht als ungewissen und düsteren Horizont, sondern als Vollendung der Schöpfung und als Heimholung des Menschen: „[1] Euer Herz lasse sich nicht verwirren. Glaubt an Gott, und glaubt an mich! [2] Im Haus meines Vaters sind viele Wohnungen. Wenn es nicht so wäre, hätte ich euch dann gesagt: Ich gehe, um einen Ort für euch vorzubereiten? [3] Wenn ich gegangen bin und einen Ort für euch vorbereitet habe, komme ich wieder und werde euch zu mir holen, damit auch ihr dort seid, wo ich bin." (Joh 14,1–3)

## 2. Die sieben Zeichen: Ein schöpfungstheologischer Horizont

Im Johannesevangelium wird nicht von „Wundern" gesprochen. Jesus wirkt „Zeichen" (σημεῖα). Diese sind analog zum Pfeil in der obigen Graphik zu verstehen: Sie haben Verweischarakter. Sie sind Pfeile und Hinweisschilder. Als Zeichen verweisen sie – mitten im Kosmos, in der Finsternis und angesichts des Todes, in einer Welt voller

## III. Das Johannesevangelium

Lüge und Vergänglichkeit – auf die Sphäre Gottes. Sie illustrieren die mit Jesus verbundene und von ihm verheißene Zukunftshoffnung. Sie verweisen auf Jesus und offenbaren seine Herrlichkeit (Joh 2,11), was letztlich heißt: seine Göttlichkeit, seine Macht und seinen Willen, den Kosmos zu retten (Joh 12,47). Gestaunt werden soll nicht über die Tat an und für sich. Das wäre viel zu wenig. Die Zeichen werden vielmehr erst dann verstanden, wenn der christologische und eschatologische Tiefgang des Geschehens begriffen wird: das, was diese Taten ankündigen und worauf sie hinweisen.

Nicht von ungefähr beschränkt sich das Johannesevangelium auf sieben erzählte Zeichen Jesu. Die Zahl Sieben beschreibt eine Vollständigkeit und repräsentative Fülle. Jesus hat mehr Zeichen gewirkt (Joh 20,30). Letztlich ist das ganze Leben Jesu ein einziges großes Zeichen. Die sieben Zeichen stehen stellvertretend für alle Zeichen und beschreiben eine typisch johanneische Glaubenssicht. Die sieben Zeichen sind:

- Das Weinwunder zu Kana (2,1–11)
- Die Heilung des Sohnes des königlichen Beamten in Kafarnaum (4,46–54)
- Die Heilung des Gelähmten am Sabbat beim Teich Bethesda (5,1–18)
- Die Speisung des Volkes am See von Tiberias (6,1–15)
- Der Seewandel (6,16–21)
- Die Heilung des Blindgeborenen beim Teich Schiloach (9,1–41)
- Die Auferweckung des Lazarus (11,1–44)

## Die sieben Zeichen: Ein schöpfungstheologischer Horizont

Im Vergleich zu den Wundern Jesu in der synoptischen Tradition (im Markus-, Matthäus- und Lukasevangelium) sind die Zeichen sehr überdimensioniert und dramatisch gesteigert: aus dem Blinden wird ein Blindgeborener; aus einem Verstorbenen ein Toter, der schon vier Tage im Grab liegt. Auch das Weinwunder auf der Hochzeit zu Kana ist kein einfaches Geschenkwunder, sondern ein wahres Luxuswunder. Wein fließt in überbordend endzeitlicher Fülle! Die enorme Steigerung sperrt sich gegen ein irdisches Verständnis. Diese Zeichen sollen nicht als einmaliges historisches Geschehen missverstanden werden. Sie wollen als Offenbarungszeichen und Glaubenshoffnung wahrgenommen werden. Sie illustrieren Inhalt und Reichweite der mit Jesus angebrochenen Heilszeit und eine jenseitige endzeitliche Lebensfülle.

Wie die Zeichen, so hat auch die Sprache des Johannesevangeliums theologischen Tiefgang. Das vierte Evangelium zeichnet ein eigener, typisch johanneischer Soziolekt aus. Begriffe und Worte sind anders besetzt und inhaltlich gefüllt. So lässt sich jeweils zwischen der landläufigen „Welt-Bedeutung" und der – für die Lesegemeinschaft des Johannesevangeliums eigentlich entscheidenden – „Gottes-Bedeutung" unterscheiden. Im Kontext der Hochzeit zu Kana ist etwa vom Bräutigam die Rede (Joh 2,9–10). Jeder denkt an den frischvermählten Mann der Braut, den Veranstalter der Hochzeit. Gemeint ist aber – in typisch johanneischer Diktion – Jesus: Er ist der verheißene Bräutigam Israels. Er hat den guten Wein bis jetzt aufgehoben. Mit ihm bricht die Heilszeit an:

## III. Das Johannesevangelium

> „⁶ Der Herr der Heere wird auf diesem Berg für alle Völker ein Festmahl geben mit den feinsten Speisen, ein Gelage mit erlesenen Weinen, mit den besten und feinsten Speisen, mit besten, erlesenen Weinen. ⁷ Er zerreißt auf diesem Berg die Hülle, die alle Nationen verhüllt, und die Decke, die alle Völker bedeckt. ⁸ Er beseitigt den Tod für immer. Gott, der Herr, wischt die Tränen ab von jedem Gesicht. Auf der ganzen Erde nimmt er von seinem Volk die Schande hinweg. Ja, der Herr hat gesprochen. ⁹ An jenem Tag wird man sagen: Seht, das ist unser Gott, auf ihn haben wir unsere Hoffnung gesetzt, er wird uns retten. Das ist der Herr, auf ihn setzen wir unsere Hoffnung. Wir wollen jubeln und uns freuen über seine rettende Tat." (Jes 25,6–9)

Blindheit wird in der Erzählung vom Blindgeborenen nicht als eine Augenkrankheit oder mangelndes physisches Sehvermögen verstanden. Auch hier spielt das Johannesevangelium mit dem Begriff eine – die „Welt-Bedeutung" übersteigende – „Gottes-Bedeutung" ein: Blind ist, wer in Jesus nicht den verheißenen Gesalbten erkennt. Wirklich offene Augen hat, wer Jesus als Retter begreift (Joh 9,39).

Womöglich lässt sich auch die Schöpfung im Sinne dieser Welt- und Gottes-Bedeutung verstehen. Die Welt ist – oberflächlich betrachtet – finster und grausam. Sie ist dem Tod unterworfen. Und doch ist diese Schöpfung transparent auf Gott hin. Mit gläubigen Augen betrachtet, verändert sich die Wahrnehmung. Ein Plan wird deutlich. Die Schöpfung hat ein Ziel. Vor allen Dingen aber wird ein Weg erkennbar, der Sinn verheißt und zum Leben führt (Joh 14,6). Der

Schöpfer selbst bietet seinen Geschöpfen die Hand an und führt sie – wie ein guter Hirt (Joh 10,11) – zur Fülle: zum Wasser des Lebens (Joh 4,14).

## 3. Eine neue Schöpfung: Das Leben siegt

Das Johannesevangelium wertet die Schöpfung nicht ab. Alles, was ist, kommt von Gott. Am Anfang der Schöpfung steht ein guter und weiser Schöpfer. Eine Weltflucht oder Schöpfungsnegation verbietet das Johannesevangelium. Gott wird schließlich selbst in seinem Logos Jesus Teil dieser Schöpfung.

Dennoch ist die Welt aufgrund von Lüge und Bosheit in Schieflage und auf Abwege geraten. So wie sie sich zeigt, steht sie in Kontrast zu Gott. Wer hätte das noch nicht erfahren? Der ehrliche Weg ist in der Welt oft zum Scheitern verurteilt. Leben heißt, immer wieder gegen die Finsternis anzukämpfen: gegen Hass und Feindschaft, gegen Egoismus und Kaltblütigkeit, gegen Gewalt und Hoffnungslosigkeit. Die Lesegemeinschaft des Johannesevangeliums sieht sich im Abseits. Ihre Sicht der Welt macht sie einsam, grenzt sie von der Mehrheitsmeinung ab:

„[18] Wenn die Welt euch hasst, dann bedenkt, dass sie mich schon vor euch gehasst hat. [19] Wenn ihr von der Welt wärt, würde euch die Welt als ihr Eigentum lieben. Weil ihr aber nicht von der Welt seid, sondern weil ich euch aus der Welt erwählt habe, deswegen hasst euch die Welt." (Joh 15,18–19)

## III. Das Johannesevangelium

Insofern lassen sich die Weltsicht und Weltdeutung des Johannesevangeliums als alternatives und widerständiges Verhaltensmodell verstehen. Diese dezidiert theologische Deutung der Welt begründet ein verändertes Leben in der Welt. Das Judentum nannte die Tora, das Gesetz Gottes, Licht und Weisung für den Lebensweg (Jes 51,4; Ps 119,105). Das Johannesevangelium bezeichnet Jesus als Licht, als Weisung und Weg, auf dem das Leben gelingt (Joh 12,46). Seine Hingabe, seine Gewaltlosigkeit und sein Gottvertrauen sind Maßstab und Weisung, um den Weg in und durch diese Welt zu finden: „Wer mir folgt, wird nicht in der Finsternis umhergehen, sondern das Licht des Lebens haben." (Joh 8,12) Im Wissen um Herkunft und Ziel der Schöpfung bricht der Christ mutig ins Leben und in diese Welt auf: „Dies habe ich zu euch gesagt, damit ihr in mir Frieden habt. In der Welt seid ihr in Bedrängnis; doch habt Mut: Ich habe die Welt besiegt." (Joh 16,33)

Vor allen Dingen aber geht es schließlich und letztendlich um die Angst vor dem Sterben und dem Tod. Doch auch hier verändert sich die Perspektive. In der Wahrnehmung der Welt als Schöpfung Gottes wird die Erniedrigung zur Erhöhung, die Kreuzigung zur Verherrlichung, der Tod zum Übergang ins ewige Leben. Das letzte und eigentliche Zeichen im Johannesevangelium ist die Auferweckung Jesu von den Toten. Nur darum kann Jesus sagen: „Habt Mut: Ich habe die Welt besiegt." (Joh 16,33) Vor dem Hintergrund seines Sterbens und seiner Auferweckung verliert der Tod die bleierne Endgültigkeit. Er verheißt Hoffnung.

## Eine neue Schöpfung: Das Leben siegt

Am Ende kehrt das Johannesevangelium an den Anfang der Bibel zurück. Die Ostererzählung (Joh 20,11–18) erinnert an die zweite Schöpfungserzählung im Buch Genesis (Gen 2,4b–3,24). Eigens wird unterstrichen, dass Jesus in einem Garten beigesetzt wird (Joh 19,41–42). Maria von Magdala hält den auferstandenen Jesus für den Gärtner (Joh 20,15). Johanneisch gedacht, hat sie Recht: Garten und Gärtner erzählen von einer neuen Schöpfung, die in der Auferweckung Jesu aufleuchtet. Wie ein Samenkorn wird Jesus in einem Garten beigesetzt. Aus Gräbern und Grüften blüht nun das Leben. Vor Maria steht der große Schöpfungsgärtner Gott. In diesem Garten stinkt der Tod nicht mehr zum Himmel. Tränen und Trauer haben nicht das letzte Wort. Das Leben kommt wieder in Fahrt und erhält Sinn. Die Anklänge an die alttestamentliche Schöpfungserzählung haben theologischen Tiefgang: So war die Schöpfung gedacht. So wird sie wieder sein.

# IV. Paulus

Röm 8,18–23

[18] Ich bin nämlich überzeugt, dass die Leiden der jetzigen Zeit nichts sind im Vergleich zur kommenden Herrlichkeit, die an uns offenbar werden soll. [19] Denn voll Sehnsucht erwartet die Schöpfung die Offenbarwerdung der Söhne Gottes. [20] Die Schöpfung wurde doch der Nichtigkeit unterworfen, nicht freiwillig, sondern durch den, der sie unterworfen hat, aber nicht ohne Hoffnung, [21] dass auch die Schöpfung selbst von der Knechtschaft der Vergänglichkeit befreit werden wird zur herrlichen Freiheit der Kinder Gottes. [22] Denn wir wissen, dass die ganze Schöpfung mitjammert und in Wehen liegt, bis zum heutigen Tag. [23] Doch nicht nur das; auch wir selbst, die wir den Geist als Unterpfand empfangen haben, auch wir seufzen in unserem Herzen und erwarten die Sohnschaft, die Erlösung unseres Leibes.

Allgemeine und wenig konkrete Begriffe prägen den kurzen Abschnitt aus dem Römerbrief. Da ist von Leiden und kommender Herrlichkeit die Rede, von Kindern und der Schöpfung, von der Vergänglichkeit und von Freiheit. Der Text lebt von der Aufgabe, die er seinen Leserinnen und Lesern stellt. Er muss konkretisiert, übersetzt und in die eigene Erfahrungswelt übertragen werden. So hat das Leid, das jeder Mensch kennt, verschiedene Gesichter. Die Ver-

## IV. Paulus

gänglichkeit zeigt sich vielfach und vielfältig im Leben: im Altwerden, in der Brüchigkeit von Beziehungen, im Nachlassen des Verstandes, Jahr für Jahr neu im Wechsel der Jahreszeiten, vom Frühling bis zum Sterben der Natur im Winter. Die allgemeinen Begrifflichkeiten verweisen auf die grundlegende Gültigkeit der Aussagen: In zeitloser und grundsätzlicher Form wird hier Schöpfungstheologie präsentiert.

Paulus kennt das Leid. Er spricht von eigener Krankheit (Gal 4,13) und einem – in der Forschung hitzig diskutierten – körperlichen oder seelischen Leiden: einem Stachel, der ihm ins Fleisch gestoßen wurde (2 Kor 12,7–8). Mühsam muss er lernen, eigene Ohnmacht und Schwäche zu akzeptieren (2 Kor 12,9–10). Paulus wird verfolgt und gehetzt, hat sich mit Widerständen auseinanderzusetzen und Schläge zu ertragen. Er sitzt „um Christi willen im Gefängnis" (Phil 1,13). Ganz realistisch schaut er das Leben, die Welt und die Schöpfung an. Jede Kreatur seufzt. Die ganze Schöpfung ächzt. Alles kulminiert in der Vergänglichkeit. Leid, Krankheit und Sterben sind Trabanten des Todes: Fesseln, die die ganze Schöpfung binden. Das 4. Esrabuch erklärt das Leiden der gesamten Schöpfung unter Rückgriff auf die Urerzählung der Genesis: „Als Adam meine Gebote übertrat, wurde das Geschaffene gerichtet." (4 Esra 7,11) Mensch und Tier, belebte und unbelebte Natur, Adam und alles Geschaffene sind durch ein Geschick miteinander verbunden. Die ganze Schöpfung ist der Vergänglichkeit unterworfen.

Das Leiden der Schöpfung bezeichnet Paulus aber als Geburtswehe, nicht als Untergang. Damit gibt er der Gebrochenheit der Welt einen anderen Klang und eine andere Ausrichtung: Leid und Tod stehen am Übergang und sind wie das knirschende Element einer sich öffnenden Tür. Was Paulus erwartet, ist die Herrlichkeit, die alles jetzige Leid in den Schatten stellen wird. Dabei ist die Herrlichkeit im Alten Testament und so auch für den Juden Paulus ein Attribut Gottes. Gott ist unbeschreiblich. Kein Adjektiv kann ihm gerecht werden. Die Herrlichkeit sollte ausdrücken, was eigentlich kein Wort einfangen kann. Die kommende Herrlichkeit, die Paulus erwartet, verweist auf Gott selbst. Sie kommt von ihm. Die Zukunft ist von Gott erfüllt.

An zwei Stellen wird das Wort „offenbaren" (Röm 8,18) bzw. „Offenbarwerden" (Röm 8,19) verwendet. Die griechischen Begriffe leiten sich von der Präposition ἀπό (weg, von) und dem Substantiv κάλυμμα (Decke, Schleier) ab. Paulus sieht das Ende der Zeit als eine „Ent-deckung" oder eine „Ent-hüllung". Über der Schöpfung, wie sie jetzt ist, liegt ein Schleier. Leiden und Tod können den Blick trüben, blind machen für das, was das eigentliche Ziel der Schöpfung ist. Glaube heißt demzufolge, Vertrauen in das zu setzen, was sein wird, sich nach dem auszustrecken, was in der gläubig erhofften Zukunft vor uns liegt.

Der Ausdruck „Söhne" ist sicher inklusiv zu verstehen. Paulus denkt an Frauen wie Männer, an alle, „die sich vom Geist Gottes leiten lassen" und so „Söhne Gottes sind" (Röm 8,14). Durch die Taufe werden die Christen „in einen Leib hineingetauft" (1 Kor 12,13). Sie werden „durch den Glauben Söhne Gottes in Christus Jesus" (Gal 3,26). Sie können demnach erhoffen, was sie vom Sohn schon glauben. In ihm, in der Auferweckung Jesu, scheint bereits eine neue Schöpfung auf. Auf diese Gemeinschaft mit Jesus setzt Paulus im Leben und im Sterben. Er teilt Jesu Schicksal. Sein eigenes Leiden verbindet ihn mit Christus: „Allezeit tragen wir das Todesleiden Jesu an unserem Leib, damit auch das Leben Jesu an unserem Leib offenbar werde." (2 Kor 4,10) So hofft Paulus, dass am Ende der Zeit die Glaubenden als Söhne und Töchter Gottes offenbar werden, dass also auch für sie gilt, was der Glaube schon jetzt von Jesus bekennt. Der Tod wird entmachtet. Sie finden das Leben in Gott. Sie sind – wie der Sohn – Töchter und Söhne Gottes.

Leben und Glaube stehen für Paulus in der Spannung zwischen „schon" und „noch nicht". In der Auferweckung Jesu hat Gott schon eine neue Schöpfung anbrechen lassen. Der Geist ist bereits in die Herzen der Glaubenden ausgegossen. Vertrauen und Hoffnung prägen schon das neue Leben in Christus: „Wenn also jemand in Christus ist, dann ist das eine neue Schöpfung: Das Alte ist vergangen, siehe, Neues ist geworden." (2 Kor 5,17) Doch der Mensch unterliegt noch Leiden und Tod. Noch greifen Bedrängnis und Kummer um sich. Die Welt ist noch nicht vollends heil. Zwischen „schon" und „noch nicht" steht der Glaube: „Wenn wir mit Christus gestorben sind, glauben wir, dass wir auch mit ihm leben werden." (Röm 6,8)

Nach der Erfüllung dieser Hoffnung streckt sich Paulus sehnsüchtig aus. Die ganze Schöpfung wartet darauf, dass auch sie „von der Knechtschaft der Vergänglichkeit befreit werden wird" (Röm 8,21).

## 1. Die Möglichkeit natürlicher Gotteserkenntnis

Die Schöpfung ist für Paulus Spiegel des Schöpfers. Gott lässt sich in den geschaffenen Dingen – zumindest partiell – erkennen. Die Schöpfung ist ein Fingerzeig Gottes und ein Wegweiser zu ihm.

Kein Mensch kann sich also selbst lossprechen vom Unglauben. Auch die Heiden, die vom Bund Gottes mit Israel nichts hörten und nichts wussten, können zum Glauben an Gott gelangen. Entsprechend scharf klingen die Sätze am Beginn des Römerbriefs, mit denen Paulus solch „blinden Heiden" das Zorngericht Gottes androht: „[19] Sie haben ja vor Augen, was von Gott erkannt werden kann; Gott selbst hat es ihnen vor Augen geführt. [20] Denn was von ihm unsichtbar ist, seine unvergängliche Kraft und Göttlichkeit, wird seit der Erschaffung der Welt mit der Vernunft an seinen Werken wahrgenommen; es bleibt ihnen also keine Entschuldigung.[21] Denn obwohl sie Gott erkannten, haben sie ihm nicht die Ehre gegeben, die Gott gebührt, noch ihm Dank gesagt, sondern sie verfielen in ihrem Denken dem Nichtigen, und ihr unverständiges Herz verfinsterte sich." (Röm 1,19–21)

Die theologische Deutung der Welt und Wirklichkeit, der Natur und Schöpfung ist für Paulus keine intellektuelle Spitzenleistung. Ganz selbstverständlich offenbart sich Gott – auch dem oberflächlichen Betrachter – in der Schöpfung. Nicht die schwierige Erkenntnis, sondern die bewusste Verweigerung ist der Grund für das gottlose Tun der Heiden.

## IV. Paulus

Für Philo von Alexandrien gestaltet sich die Erkenntnis Gottes aus den geschaffenen Dingen weitaus schwieriger. Er ist der Überzeugung: „Den Vater und Lenker aller Dinge zu erkennen und zu erfassen, ist gewiss schwierig." (De specialibus legibus 1,32) Für Paulus dagegen scheint dies leicht möglich zu sein. Darum dient ihm die Missachtung der – seiner Meinung nach offensichtlichen – natürlichen Gotteserkenntnis als Anklagegrund. Die Schöpfung lässt keine andere Erklärung zu: Im Hintergrund der Welt und Wirklichkeit steht ein weiser und absichtsvoll handelnder Schöpfer.

### 2. Gott wirkt inmitten seiner Schöpfung

Die Schöpfung, wie Paulus sie sieht, ist Wirkfeld Gottes. Gott ist seiner Schöpfung zugewandt. Er ist kein deistischer Uhrmacher-Gott, der die Welt zwar – wie ein Uhrwerk – in Gang gesetzt, aber sich dann zurückgezogen hat, um die Welt sich selbst zu überlassen. Die Glaubensgeschichte Israels gründet auf der Überzeugung, dass Gott da ist und sein Volk begleitet. Paulus teilt als frommer Jude diesen Glauben. Er versteht seinen eigenen Weg, das Wachsen und Werden der Gemeinden und insbesondere das Leben und die Sendung Jesu als Teil dieses Handelns Gottes.

Schon „im Mutterleib" wurde Paulus „ausgewählt" (Gal 1,15). Als es Gott gefiel, „offenbarte" er ihm, dem treuen Verteidiger des jüdischen Gesetzes, „seinen Sohn" (Gal 1,16). Wiederholt spricht Paulus von Offenbarungen, die ihn dazu veranlassten, nach Jerusalem hinaufzugehen,

## Gott wirkt inmitten seiner Schöpfung

Orte zu wechseln und Grenzen zu überschreiten. Gott spricht: in der Stimme des Gewissens, durch andere Menschen oder eine unvermittelte Erkenntnis. Gott wirkt in den Gemeinden. Die Christen nennt Paulus „Berufene" (Röm 1,6; 8,28; 9,24; 1 Kor 1,2.24; Gal 1,6). Gott steht nicht abseits. Er hört und sieht. Paulus dankt ihm, bittet ihn und ringt mit ihm. Das Gebet ist schon Ausdruck der Überzeugung, dass Gott der Welt und den Menschen zugewandt ist.

Vor allen Dingen aber verwirklicht Gott seinen heilsgeschichtlichen Plan mit der Schöpfung in Jesus: „[4] Als sich aber die Zeit erfüllt hatte, sandte Gott seinen Sohn, geboren von einer Frau und dem Gesetz unterstellt, [5] um die unter dem Gesetz freizukaufen, damit wir die Sohnschaft empfangen." (Gal 4,4–5) Gott reagiert auf den Zustand seiner Schöpfung. Er handelt an und durch die Patriarchen. Er sendet Propheten. Er schließt mit Israel einen Bund und gibt das Gesetz. Als dieser Weg des Gesetzes scheitert, sendet Gott seinen Sohn: „Denn was dem Gesetz nicht möglich war, weil es durch das Fleisch kraftlos war, wirkte Gott und sandte seinen eigenen Sohn in Gestalt des von der Sünde beherrschten Fleisches und wegen der Sünde, um die Sünde im Fleisch zu verurteilen." (Röm 8,3) Zeit und Geschichte, Schöpfung und Leben sind durchdrungen von der Fürsorge und Nähe Gottes, die Jesus buchstäblich personifiziert. Nichts kann von dieser Liebe trennen: „[38] Weder Tod noch Leben, weder Engel noch Gewalten, weder Gegenwärtiges noch Kommendes, weder Kräfte [39] der Höhe oder der Tiefe noch irgendeine andere Kreatur" (Röm 8,38–39).

## 3. Die Auferweckung Jesu als Schöpfungshandeln

Inmitten der Erlösungsbedürftigkeit der gesamten Schöpfung begreift Paulus die Auferweckung Jesu als Schöpfungshandeln Gottes. In Röm 4,17 wird Gott als derjenige beschrieben, „der die Toten lebendig macht und was nicht ist, ins Dasein ruft". Als „parallelismus membrorum" gelesen, erklären und erschließen sich die Aussagen wechselseitig: das Lebendigmachen der Toten entspricht dem Ruf ins Dasein. Die Auferweckung wird als eine „creatio ex nihilo" verstanden, als ein entschiedener und neuer Schöpfungsakt Gottes.[14] Christus ist der Erste einer neuen Schöpfung, „der Erstling der Entschlafenen" (1 Kor 15,20). Seine Auferweckung ist der Anfang einer neuen Schöpfung, die nicht länger der Vergänglichkeit unterworfen ist. In der Auferweckung Jesu hat schon begonnen, was Paulus für das Ende der Zeit erwartet: „Der letzte Feind, der vernichtet wird, ist der Tod." (1 Kor 15,26)

Eine entscheidende Rolle spielt hierbei der Geist. „So steht es geschrieben: Der erste Mensch, Adam, wurde ein lebendiges Wesen, der letzte Adam wurde Leben spendender Geist." (1 Kor 15,45) Paulus unterstreicht – im Kontext der Frage nach der Wirklichkeit und Leiblichkeit des neuen Lebens – die Andersartigkeit der Auferweckung. Er unterscheidet zwischen einem „natürlichen Leib" und einem „geistigen Leib" (1 Kor 15,44), der ganz vom Schöpfergeist Gottes bestimmt und beseelt ist. Wer diesen Geist Gottes in sich trägt, ist schon der Vergänglichkeit entrissen und Teil der neuen Schöpfung: „Wenn aber der Geist dessen in euch wohnt, der Jesus von den Toten auferweckt hat, dann wird er, der Christus von den Toten auferweckt hat, auch euren sterblichen Leib lebendig machen durch seinen Geist, der in euch wohnt." (Röm 8,11)

## 4. Christus als Mittler einer neuen Schöpfung

Bezeichnend ist, dass Christus das Prädikat des Schöpfers zugesprochen wird. Er wurde – wie es in 1 Kor 15,45 heißt – „Leben spendender Geist". Deutlich tritt hier die für Paulus so charakteristische partizipatorische Dimension der Christologie zutage. Durch die Verbundenheit mit Christus wird auch der Christ eine „neue Schöpfung". In Christus erhält der Glaubende „schon jetzt" Anteil an jener Endzeit, die „noch" aussteht, aber in der Auferweckung Christi schon aufgeleuchtet ist.

Auf die Verbindung mit Christus kommt alles an. Die Taufe versteht Paulus als eine Eingliederung in den Leib Christi. Der Christ wird hineingenommen in Leben, Tod und Auferweckung Jesu. Paulus trägt das Todesleiden Jesu an seinem Leib. Er stirbt mit ihm und hofft durch Christus aus dem Tod errettet zu werden:

„[4] Wir wurden also mit ihm begraben durch die Taufe auf den Tod, damit, wie Christus durch die Herrlichkeit des Vaters von den Toten auferweckt worden ist, auch wir in der Wirklichkeit eines neuen Lebens unseren Weg gehen. [5] Wenn wir nämlich mit der Gleichheit seines Todes aufs

Engste verwachsen sind, dann werden wir es gewiss auch mit dem seiner Auferstehung sein." (Röm 6,4–5)

Die Verbundenheit mit Christus endet nicht im Tod, sondern erreicht dort eigentlich erst die volle Gleichheit und Gemeinschaft. Wer mit Christus im Leben regelrecht verwachsen ist, kann auch seinen eigenen Tod als ein Sterben mit Christus verstehen. Hierin ankert alle Hoffnung, denn „wenn wir mit Christus gestorben sind, glauben wir, dass wir auch mit ihm leben werden" (Röm 6,8).

## 5. Verwandlung, nicht Vernichtung

Das Kommende versteht Paulus nicht als eine Annullierung oder Vernichtung des Bisherigen, sondern als eine tiefgreifende Verwandlung. Paulus erwartet keine zweite Welt. Von manchen eschatologischen Linien jüdischer Theologie her hätte sich dieser Gedanke durchaus angeboten. Das 4. Esrabuch geht von zwei verschiedenen und radikal voneinander getrennten Welten aus: „Der Höchste hat nicht eine Welt geschaffen, sondern zwei." (4 Esra 7,50) Um die eine Welt von der anderen Welt deutlich zu unterscheiden, wurde sogar eine markante Zäsur zwischen dem Ende dieser und dem Anbruch der kommenden Welt angenommen: „[30] Die Welt wird in das einstige Schweigen sieben Tage lang zurückkehren, wie es im Uranfang war, so dass niemand übrigbleibt. [31] Nach sieben Tagen aber wird die Welt, die noch nicht wach ist, erweckt werden, und das Vergängliche wird sterben." (4 Esra 7,30–31)

Für Paulus wird diese Welt aber nicht einfach ersetzt oder ausgetauscht. Die Schöpfung soll verwandelt werden. Die Sohnschaft, die schon jetzt das Selbstverständnis der Christen bestimmt, wird freigelegt und offenbar. In aller notwendigen Diskontinuität wahrt Paulus somit ein gutes Stück Kontinuität. Die Christen sind durch die Verbundenheit mit Christus und durch den Geist, der in ihnen lebt, bereits eine neue Schöpfung (2 Kor 5,17). Für die Endzeit erwartet Paulus das Hervortreten dieser Sohnschaft in aller Deutlichkeit und Herrlichkeit. Die Decke wird weggenommen, der Schleier lichtet sich: „Wir alle spiegeln mit enthülltem Angesicht die Herrlichkeit des Herrn wider und werden so in sein eigenes Bild verwandelt, von Herrlichkeit zu Herrlichkeit, durch den Geist des Herrn." (2 Kor 3,18)

Das Offenbarwerden dieser einstigen Wirklichkeit, die im Glauben schon jetzt angenommen wird, ist der Fluchtpunkt aller christlichen Hoffnung: „Ich bin nämlich überzeugt, dass die Leiden der jetzigen Zeit nichts sind im Vergleich zur kommenden Herrlichkeit, die an uns offenbar werden soll." (Röm 8,18) Die gesamte Schöpfung wartet auf diesen Moment, denn auch sie soll „von der Knechtschaft der Vergänglichkeit befreit werden zur herrlichen Freiheit der Kinder Gottes" (Röm 8,21).

IV. Paulus

## 6. Ein Leben zwischen „schon" und „noch nicht"

Die neue Schöpfung ist für Paulus weit mehr als nur ein abstrakter Glaubenssatz. Die Hoffnung auf das Kommende verändert vielmehr das eigene Selbstverständnis, die Sicht von Welt und Leben und die Gestaltung der alltäglichen Glaubenspraxis. Ein Christ lebt zwischen „schon" und „noch nicht" (Abb. 3), zwischen einer im Glauben bereits erfahrbaren Verbundenheit mit Christus und einer – die Leiden dieser Zeit überwindenden – Vollendung einst.

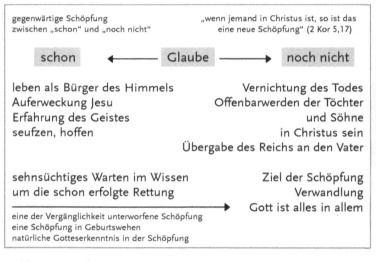

Abb. 3: Schöpfung bei Paulus

Die Aussicht auf das Kommende lässt Paulus die Mühsal des Lebens ertragen und geduldig ausharren: „Hoffen wir aber auf das, was wir nicht sehen, dann harren wir aus in

## Ein Leben zwischen „schon" und „noch nicht"

Geduld." (Röm 8,25) Aus der Erwartung der Zukunft und dem Bewusstsein, in Christus bereits eine neue Schöpfung zu sein, leitet Paulus neue Verhaltensmaßstäbe ab. Zu erinnern wäre hier etwa an die oft vergessene Einleitung des Philipperhymnus: „Habt diese Gesinnung in euch, die auch in Christus Jesus ist." (Phil 2,5) Seine Lebensbewegung der Erniedrigung und endzeitlichen Erhöhung zu Gott ist Modell und Maßstab für die Gemeinde. Die Zugehörigkeit zu Christus bedingt ein neues Sozialgefüge, das – im Gegensatz zum Denken dieser Welt – von der neuen Schöpfung inspiriert ist: „Denn es gilt weder die Beschneidung etwas noch das Unbeschnittensein, sondern: neue Schöpfung." (Gal 6,15)

Der Kolosserbrief zieht daraus – in den Fußspuren des Paulus – konkrete und praktische Konsequenzen:

„[9] Belügt einander nicht; denn ihr habt den alten Menschen mit seinen Taten abgelegt [10] und habt den neuen Menschen angezogen, der nach dem Bild seines Schöpfers erneuert wird, um ihn zu erkennen. [11] Da gibt es dann nicht mehr Griechen und Juden, Beschnittene und Unbeschnittene, Barbaren, Skythen, Sklaven, Freie, sondern Christus ist alles und in allen." (Kol 3,9–11)

So soll und mag die Gemeinde zu einem Wegweiser für jene Welt werden, in der alle Gebrochenheit und Mühsal dieser Erdenzeit enden.

# V. Ein hymnisches Intermezzo: Kol 1,15–20

¹⁵ Er ist das Bild des unsichtbaren Gottes, der Erstgeborene aller Schöpfung. ¹⁶ Denn in ihm wurde alles in den Himmeln und auf der Erde erschaffen, das Sichtbare und das Unsichtbare, seien es Throne oder Herrschaften, Gewalten oder Mächte: alles ist durch ihn und zu ihm hin erschaffen; ¹⁷ und er ist vor allem, und alles hat in ihm Bestand. ¹⁸ Er ist das Haupt des Leibes, der Kirche. Er ist der Anfang, der Erstgeborene aus den Toten, damit er in allem der Erste werde; ¹⁹ denn es gefiel Gott, in ihm die ganze Fülle wohnen zu lassen ²⁰ und durch ihn alles zu versöhnen auf ihn hin, indem er durch ihn Frieden geschaffen hat durch das Blut seines Kreuzes – sei es auf der Erde oder in den Himmeln.

In der Forschung lässt sich ein breiter Konsens feststellen, den Kolosserbrief nicht als authentischen Paulusbrief anzusehen.[15] Er dürfte von einem seiner Schüler und aufbauend auf die Verkündigung des Völkerapostels in der zweiten Hälfte des 1. Jahrhunderts verfasst worden sein.

Der Anlass ist prekär: Irrlehrer treten auf und verunsichern die Gemeinde. Der Brief warnt die Adressaten:

„Gebt acht, dass euch niemand einfängt durch die Philosophie und durch leeren Trug, der sich nur auf die Überliefe-

## V. Ein hymnisches Intermezzo: Kol 1,15–20

rung der Menschen und auf kosmische Elementarmächte stützt, nicht aber auf Christus." (Kol 2,8)

Was sich genau hinter dieser philosophischen Strömung verbirgt, ist schwer auszumachen. Womöglich verstanden sich die Vertreter durchaus als Christen und waren mit Konzepten und Begriffen des hellenistischen Judentums vertraut. Ihr Weltbild war stark von der zeitgenössischen Philosophie und Volksfrömmigkeit geprägt: eine – so könnte man heutzutage sagen – esoterische Strömung mit christlichen Anleihen und philosophischem Unterbau.

Die Welt wurde als Wirkungsraum von zahlreichen numinosen Mächten gesehen: Engel, Dämonen oder Naturgewalten üben Einfluss auf das Schicksal der Menschen aus. In der Sicht dieser Philosophie mussten Schöpfung und Umwelt geheimnisvoll, bedrohlich und herausfordernd erscheinen. Durch die Beachtung unterschiedlicher Naturphänomene, die Feier der Jahreszeiten und die Ausrichtung auf den Mond versprach man sich Sicherheit.

Die Schöpfungstheologie des gleich in den Anfangspart des Kolosserbriefs gebetteten Hymnus hinterfragt die Weltsicht der Adressaten kritisch. Die dichten christologischen Aussagen und Wendungen haben durchaus praktische Relevanz. Gott nämlich hat

„[15] die Mächte und Gewalten ihrer Macht entkleidet und öffentlich zur Schau gestellt; in Christus hat er über sie triumphiert. [16] Darum soll niemand über euch urteilen in Sachen Speise und Trank, Fest, Neumond oder Sabbat; [17] das alles

## V. Ein hymnisches Intermezzo: Kol 1,15–20

ist ja nur ein Schatten des Zukünftigen, der Leib aber ist Christus. [18] Niemand soll euch um den Siegespreis bringen, keiner, der sich in Demut gefällt und Engel verehrt, sich auf das etwas einbildet, was er geschaut hat, grundlos aufgebläht in seinem irdischen Trachten (...). [20] Wenn ihr mit Christus gestorben und von den kosmischen Elementarmächten befreit seid, was lasst ihr euch dann Satzungen auferlegen, als würdet ihr noch in der Welt leben? [21] ‚Das darfst du nicht anfassen, das nicht kosten, das nicht berühren!' – [22] das sind doch lauter Dinge, die – nach den Geboten und Lehren der Menschen – dazu da sind, gebraucht und aufgebraucht zu werden. [23] Dies alles schaut aus wie Weisheit und kommt fromm, demütig und asketisch daher; bringt aber niemandem Ehre und dient nur der eigenen irdischen Eitelkeit." (Kol 2,15–23)

Auch das kann eine fundierte Schöpfungstheologie leisten: Sie befreit von Ängsten, von einer numinosen Vergöttlichung der Welt und einer Verstrickung des Menschen in die duster anmutende Naturgewalt. Aufrecht steht der Mensch in der Schöpfung, der er als Gabe und Aufgabe dankbar und verantwortungsbewusst begegnet.

Ein wesentlicher Verständnishintergrund des Kolosserhymnus ist die Logos-Konzeption der hellenistisch-jüdischen Philosophie. Schon im Alten Testament begegnet die Vorstellung, dass die Weisheit vor allen anderen Dingen geschaffen wurde: „Von Ewigkeit her ist die verständige Einsicht." (Sir 1,4) Die Weisheit stellt eine personifizierte Wesenseigenschaft Gottes dar. Bei Philo von

## V. Ein hymnisches Intermezzo: Kol 1,15–20

Alexandrien wird diese frühjüdische Weisheitsspekulation in der Vorstellung und Rede vom Logos aufgegriffen und fortgeführt. Im Hintergrund steht die platonische Philosophie: die Rede von Urbild und Abbild, Ideen und Gegenständen. Philo geht davon aus, dass die wahrnehmbare Welt „einem Urbild und einer geistigen Idee nachgebildet ist" (De opificio mundi 16). Gott hat zuerst „die gedachte Welt" (κόσμος νοητός) gebildet, „um dann mit Benutzung eines unkörperlichen und gottähnlichen Vorbildes die körperliche – das jüngere Abbild eines älteren – herzustellen" (De opificio mundi 16). Dies geschieht im Logos (ὁ θεῖος λόγος). Ihn hat Gott „mit all seinen unkörperlichen Kräften erfüllt" (De somniis 1,62).

Was für Philo das Denken oder Planen, die Weisheit oder der unergründliche Entwurf Gottes ist, identifiziert der Kolosserhymnus (und letztlich auch der Johannesprolog) mit Jesus Christus. Er „setzt (...) diese Interpretationsgeschichte voraus und appliziert sie christologisch".[16]

Der Hymnus reicht all denen die Hand, die mit den Begriffen und Vorstellungen der platonischen Philosophie, der frühjüdischen Weisheitslehre oder mit der Konzeption Philos von Alexandrien vertraut sind. Zugleich orientiert der Text seine Hörerinnen und Hörer auf ein neues Ziel hin: Er führt sie zum Bekenntnis zu Jesus Christus. In ihm findet die Schöpfung ihren Grund, ihre innerste Mitte und ihr Ziel.

Die zeitlich anmutenden Aussagen des Textes dürfen nicht allein chronologisch verstanden werden. Der „Erstgeborene", der „Anfang" und der „Erste", der „vor allem"

## V. Ein hymnisches Intermezzo: Kol 1,15–20

ist – all das sind letztlich Hoheitstitel, die keine zeitliche Priorität ausdrücken, sondern die Herrschaftsstellung Jesu unterstreichen. Dieser Herrschaft untersteht all das, was in Kolossä als Macht oder Gewalt verehrt und gefürchtet wird: Gestirne und Natur, Speisen und Vorschriften, materielle und geistige Dinge.

Der Hymnus wird klarer, wenn man die Gliederung beachtet. Die Verse 15 und 16 haben die Schöpfung zum Thema. Die Verse 17 und 18a betonen die Vorrangstellung Christi und leiten auf den zweiten Teil über: Die Verse 18b bis 20 reden von der Erlösung. Christus steht am Anfang der Schöpfung und am Ziel. So wie Christus ist, sollte die Schöpfung sein. Sie wurde in ihm und auf ihn hin erschaffen. So wie Christus ist, wird die Schöpfung sein. In seinem Wirken, in seinem Leben und Sterben scheint das Ende auf: Der Tod ist vernichtet und die Feindschaft überwunden, von der Gen 3 erzählt und die als trauriger Grundzug der gefallenen Schöpfung erscheint. Dieser Glaube ermöglicht eine neue, selbstbewusste Form von Leben und Verhalten: „Wenn ihr nun mit dem Christus auferweckt worden seid, so sucht, was oben ist, wo Christus ist, sitzend zur Rechten Gottes!" (Kol 3,1)

Auch auf die nie verstummende Menschheitsfrage „Wo wohnt Gott, wo ist er zu finden?" gibt der Hymnus eine eindrückliche und – gerade die Adressaten in Kolossä – befreiende Antwort. Die Natur wird entzaubert. Sicherlich zeigt und spiegelt sich Gott in ihr: in Pflanzen, Tieren oder im Menschen. Als Schöpfung Gottes sind Kosmos und Welt würdevoll und unbedingt schützenswert. Und

## V. Ein hymnisches Intermezzo: Kol 1,15–20

doch muss der Mensch vor den Geschöpfen nicht in die Knie gehen. Gott zeigt sich nämlich in Jesus in einer Deutlichkeit und Gleichheit, die – meint das nicht auch die Rede von der Gottessohnschaft Jesu? – bis in die Gesichtszüge, den Zungenschlag und die Herzbewegung, bis in die DNA hineinreicht. Wer Gott sucht, begegnet ihm in einem Menschen: in der Person und Verkündigung Jesu. In ihm wohnt Gott.

# VI. Die Apostelgeschichte

Apg 4,23–31

[23] Als sie [Petrus und Johannes] entlassen waren, kamen sie zu den Ihren und verkündeten alles, was die Hohenpriester und die Ältesten zu ihnen gesagt hatten. [24] Sie aber, als sie es hörten, erhoben einmütig ihre Stimme zu Gott und sprachen: Herrscher, du, der den Himmel und die Erde und das Meer gemacht hat und alles darin; [25] der du durch den Heiligen Geist durch den Mund unseres Vaters David, deines Knechtes, gesagt hast: „Warum tobten die Nationen und warum mühten sich die Völker um das, was vergeblich ist? [26] Die Könige der Erde standen auf und die Herrscher versammelten sich gegen den Herrn und seinen Gesalbten." [27] In dieser Stadt versammelten sich in der Tat gegen deinen heiligen Knecht Jesus, den du gesalbt hast, Herodes und Pontius Pilatus mit den Völkern und den Stämmen Israels, [28] um all das zu tun, was deine Hand und dein Ratschluss vorherbestimmt haben, dass es geschehe. [29] Und nun, Herr, schau auf ihre Drohungen und lass deine Knechte dein Wort mit allem Freimut verkünden. [30] Streck deine Hand aus und lass Heilungen, Zeichen und Wunder geschehen durch den Namen deines heiligen Knechtes Jesus. [31] Und als sie gebetet hatten, erbebte der Ort, wo sie versammelt waren: Sie alle wurden mit dem Heiligen Geist erfüllt und verkündeten freimütig das Wort Gottes.

## VI. Die Apostelgeschichte

Schritt für Schritt erzählt die Apostelgeschichte von einer immer weiter ausufernden Bewegung. Alles beginnt in Jerusalem, dem Ort der Passion, Kreuzigung und Auferweckung Jesu. Die Urgemeinde ist dort beheimatet. Der erste Teil der Apostelgeschichte (Apg 1,1–8,3) ist ganz auf das Leben und Schicksal der ersten Christen ausgerichtet. Die Konflikte wachsen und waren im Grunde – in der Nachfolge eines von den jüdischen Autoritäten abgelehnten und von den Römern gekreuzigten Wanderpredigers – vorprogrammiert. Gewaltsame Übergriffe und Verfolgungen lassen nicht lange auf sich warten. Stephanus, eine tragende Gestalt der jungen Gemeinde, wird gesteinigt (Apg 7,59). Ein Großteil der Urchristen wird versprengt und flieht aus Jerusalem (Apg 8,4). So aber gelangt das Evangelium über die Stadtgrenze hinaus. Die Verkündigung breitet sich aus. Das Wort Jesu erfüllt sich: „Ihr werdet meine Zeugen sein, in Jerusalem, in ganz Judäa und Samaria und bis an die Enden der Erde." (Apg 1,8)

In der Apostelgeschichte lässt sich dies oft beobachten: Die Katastrophe wird zur Chance, das scheinbare Scheitern zum Neubeginn. Lukas ist darum bemüht, in der Geschichte die Handschrift Gottes freizulegen. Gott kann auch auf krummen Zeilen gerade schreiben. Für die Adressaten soll dies eine Versicherung sein: So holprig der Weg auch war, er wurde von Gott geebnet und verlief ganz nach seinem Plan.

Die Apostelgeschichte ist der zweite Teil eines Doppelwerks und setzt die Erzählung des Lukasevangeliums fort. Die anderen Evangelien hören mit der Auferweckung Jesu

## VI. Die Apostelgeschichte

auf. Für Lukas beginnt die Geschichte mit der Auferweckung Jesu erneut. Zur Biographie Jesu gehört die Biographie der ersten Jüngerinnen und Jünger unabdingbar hinzu. Ohne die Geschichte der jungen Kirche wäre das Gründungsdokument unvollständig.

Die Apostelgeschichte dürfte gegen Ende des 1. Jahrhunderts verfasst worden sein. Lukas erzählt als antiker Historiograph, wie das Christentum entstand, um seinen Leserinnen und Lesern zu zeigen, was das Christentum – seinem innersten Wesen nach – ist. Es geht also nicht nur um Fakten und die krude Wiedergabe einzelner Ereignisse. Die Apostelgeschichte ist keine klassische Chronik, sondern lebendige Geschichtsschreibung. Sie gleicht mehr einem farbenprächtigen Gemälde als einer scheinbar präzisen schwarz-weiß Photographie. Um den Sinn und die Übersetzungsspielräume der Ereignisse zu verdeutlichen, wird nach allen Regeln der historiographischen Kunst erzählt: ergänzt, akzentuiert, koloriert, erfunden und erweitert. Beides fließt in der Feder des Autors zusammen: das Wissen um die Geschichte und die Ereignisse und das Interesse, die Geschichte von einst anschaulich und anschlussfähig zu machen: „Die Leser sollen von der gesamten Darstellung getroffen werden, nicht um zu wissen, wie es wirklich gewesen ist, eher schon, um zu verstehen, was dies alles zu bedeuten hat, dieser Einbruch der christlichen Kirche in die Welt der hellenistischen Kultur, vor allem aber, um anbetend zu erkennen, welcher Art das Evangelium ist und wie es die Menschen überwindet."[17]

## VI. Die Apostelgeschichte

Das Thema Schöpfung spielt in der Apostelgeschichte vor allen Dingen in den zahlreichen Missionsreden eine Rolle. Lukas legt großen Gestalten der Urkirche – etwa Petrus, Jakobus oder Paulus – lange und ausführliche Predigten in den Mund. Sie fassen die Bedeutung des Lebens und Wirkens Jesu zusammen. Die Ereignisse – Gefängnis, Konflikte, Pfingsten oder das Scheitern des Judas – werden auf dem Hintergrund der Heilsgeschichte gedeutet. In Form einzelner Reden wird das Evangelium unterschiedlichen Adressaten verkündet: in Kleinasien oder auf dem griechischen Festland, vor jüdischen Autoritäten oder römischen Mandatsträgern, im privaten Kreis eines Hauses oder mitten auf dem Areopag in Athen.

Gerade in der Begegnung mit fremden Kulturen und der paganen reichsrömischen Religion dient die Schöpfung als Argumentationsbasis. Außerhalb des Judentums lässt sich schwerlich auf die Überzeugungskraft der jüdischen Schriften oder Ereignisse der Heilsgeschichte Bezug nehmen. Die Schöpfung aber stellt einen gemeinsamen – überreligiösen und allgemein menschlichen – Erfahrungsraum dar. Sie bietet Anhaltspunkte, um die urchristliche Verkündigung zu verankern: in der Frage nach dem Ursprung und Ziel, in der staunenden Erfahrung von Größe und Glanz der Schöpfung oder auch in der Ohnmacht des Menschen angesichts der erschreckenden Naturgewalt der Schöpfung.

Im vorliegenden Fall von Apg 4,24 wenden sich die frühen Christen im Gebet explizit an Gott, „der den Himmel und die Erde und das Meer gemacht hat und alles darin".

## VI. Die Apostelgeschichte

Vorausgegangen war die Inhaftierung von Petrus und Johannes durch die jüdische Tempelmiliz und das Verhör der beiden Jünger durch die Hohenpriester und die Ältesten. Sie wurden verhaftet wegen der Heilung eines Gelähmten und der öffentlichen Verkündigung des Evangeliums. Die Anrufung des Schöpfers dient der Vergewisserung. Eine noch größere Autorität lässt sich kaum aufbieten: Der Schöpfer selbst wird als Zeuge angerufen. Er steht auf der Seite der Christen. Schöpfungstheologisch macht der Bezug auf den Schöpfer in der urchristlichen Verkündigung und im Gebet einiges deutlich.

Der Schöpfer bleibt seiner Schöpfung zugewandt. Er redete durch David und die Propheten. Er verfolgt mit seiner Schöpfung einen Plan. Er lässt sich anrufen.

Nicht von ungefähr werden „Heilungen, Zeichen und Wunder" (Apg 4,30) erbeten. Gottes Hand wirkt sie. Die Schöpfung ist somit im Wachsen und Werden und geht der Vollendung entgegen. Krankheit und Leid – deutlich durch die vorab geschehene Heilung des Gelähmten – werden überwunden. Noch dazu ist der Gelähmte „von Geburt an gelähmt" (Apg 3,2): Er hat sein Unglück also nicht selbst verschuldet. Die Behinderung erscheint als Ausdruck eines überindividuellen Mangels der Schöpfung. So wie die Schöpfung jetzt ist, fehlt ihr etwas. Krankheit und Leid passen nicht in eine Welt, die von Gott gut gemacht wurde.

Erstaunlicherweise stehen gerade die religiös und politisch Verantwortlichen nicht auf der Seite Gottes. Schon Jesus wurde abgelehnt und gekreuzigt. Der Widerstand setzt sich fort: Petrus und Johannes werden inhaftiert. Der Konflikt droht, auf die ganze Gemeinde auszugreifen. Da scheint in den Taten der Jünger eine neue und heilvolle Schöpfung auf, aber die Welt selbst – repräsentiert durch die jüdischen und römischen Autoritäten – geht dagegen vor. Nicht nur zwischen den Zeilen zeigt sich, dass Leid und Unrecht von Menschen selbst gemacht sind. Gott kann nicht für alles verantwortlich gemacht werden, was in dieser Welt und Schöpfung verquer erscheint oder unvollkommen ist. Aus welchen eigennützigen Interessen auch immer, Herrscher und Heere schließen sich zusammen gegen das, was Gott eigentlich mit seiner Schöpfung vorhat. Die Welt könnte anders aussehen, würde die Schöpfung so behandelt, wie sie gedacht und gemacht war.

In der Apostelgeschichte ist der Geist der geheime Agent im Hintergrund. Er wird von Jesus verheißen (Lk 24,49; Apg 1,5) und an Pfingsten gesendet (Apg 2,1–13). Er führt die junge Kirche und schenkt neue Einsichten und Erkenntnisse. Schon am Anfang der Bibel ist der Geist untrennbar mit der Schöpfung verbunden (Gen 1,2). Der Schöpfergeist wirkt Neues und lässt Leben entstehen (Ps 104,30; Ez 37,5). Er wird in der Endzeit erwartet (Joel 3,2) und ist Garant einer neuen und vollendeten Schöpfung. Wenn es am Ende der kurzen Erzählung heißt, dass „alle mit Heiligem Geist erfüllt wurden" (Apg 4,31), lässt sich dies – fast paulinisch – übersetzen: Die Christen verstehen sich schon als eine neue Schöpfung. Nicht von ungefähr mündet das Gebet in eine summarische Beschreibung des urchristlichen Gemeindelebens. Sie alle waren „ein Herz und eine Seele" (Apg 4,32),

## Schöpfung und Schöpfer

sorgen für materiellen Ausgleich und verzichten auf Eigentum, verkünden mutig das Evangelium (Apg 4,33) und helfen den Armen (Apg 4,35). Diese Gemeinschaft lässt sich als Wirkung des Geistes und damit als Anbruch einer neuen Schöpfung deuten. Der Geist überwindet Grenzen zwischen Reichen und Armen, aber auch – die Pfingsterzählung illustriert dies – zwischen Kulturen und Sprachgruppen (Apg 2,7–11). Trennlinien zwischen Völkern und Nationen und Konflikte zwischen Menschen werden schöpfungstheologisch hinterfragt und eschatologisch überwunden. Der Blick auf *einen* Schöpfer verbindet *alle* Menschen. Die urchristliche Praxis illustriert dies. Die Schöpfungstheologie ist in der Apostelgeschichte Triebkraft und Grund der universalen Verkündigung des Evangeliums und der Zuwendung zu allen Menschen.

## 1. Schöpfung und Schöpfer

Mit viel erzählerischem Geschick und einem Augenzwinkern schildert Apg 14,8–18 den Besuch von Paulus und Barnabas in Lystra. Auch dort wird ein Mann, der von Geburt an gelähmt war, von Paulus geheilt. Die Menge reagiert enthusiastisch auf das Wunder:

„[11] Als die Leute sahen, was Paulus getan hatte, erhoben sie ein Geschrei und riefen auf Lykaonisch: Die Götter haben Menschengestalt angenommen und sind zu uns herabgestiegen! [12] Und sie nannten Barnabas Zeus und Paulus

## VI. Die Apostelgeschichte

Hermes, weil er das Wort führte. [13] Der Priester des Zeustempels vor der Stadt brachte Stiere und Kränze zu den Stadttoren und wollte zusammen mit dem Volk ein Opfer darbringen." (Apg 14,11–13)

Die Reaktion lässt erkennen, dass Heilung als eine Gabe Gottes verstanden wird. Die Menge liegt gar nicht einmal so falsch: Im Neuen Testament werden Heilungen und Wunder stets als Zeichen des anbrechenden Gottesreichs verstanden. Die Schöpfung vollendet sich. Not wird überwunden. Gott führt seine Schöpfung ans Ziel.

Eine gottgleiche Verehrung aber lehnen Paulus und Barnabas energisch ab:

„[14] Als die Apostel Barnabas und Paulus dies hörten, zerrissen sie ihre Gewänder, stürzten sich in die Volksmenge, riefen [15] und sagten: Männer, was tut ihr da? Auch wir sind nur Menschen wie ihr und verkünden euch das Evangelium, damit ihr euch von diesen nichtigen Götzen zum lebendigen Gott bekehrt, der den Himmel und die Erde und das Meer und alles in ihnen schuf; [16] in den zurückliegenden Geschlechtern ließ er alle Völker ihre Wege gehen; [17] allerdings hat er sich ihnen dadurch bezeugt, dass er Gutes tat, euch vom Himmel Regen gibt und fruchtbringende Zeiten und mit Nahrung und Freude eure Herzen sättigt. [18] Und obwohl sie dies sagten, konnten sie die Menge kaum davon abhalten, ihnen zu opfern." (Apg 14,14–18)

## Schöpfung und Schöpfer

Das erste Argument im Dialog mit der paganen Religiosität ist schöpfungstheologischer Natur. Paulus versucht, eine gemeinsame interreligiöse Gesprächsbasis zu schaffen. Jeder Mensch verdankt sein Leben nicht sich selbst: Das Leben weist auf einen Schöpfer hin. Regen und Sonne, der Wechsel der Jahreszeiten und die fruchtbringende Erde lassen auf einen Schöpfergott schließen.

Für die Ausbreitung des frühen Christentums ist dieses schöpfungstheologische Argument entscheidend. Gott verfolgt – neben allen spezifischen erwählungs- oder bundestheologischen Zielen – mit seiner Schöpfung einen Plan. Die ganze Erde und die gesamte Menschheit sind sein Eigentum. Die Schöpfungstätigkeit Gottes dauert an. Diese „creatio continua" zeigt sich im Tragen und Erhalten der Schöpfung, die Leben ermöglicht und nach wie vor Nahrung schenkt. Aus dieser schöpfungstheologischen Einsicht leitet das frühe Christentum eine universale Perspektive ab. Die Verkündigung des Evangeliums muss – unter den Augen eines Schöpfers, der „allen das Leben, den Atem und überhaupt alles gibt" (Apg 17,25) – „bis an die Enden der Erde" (Apg 1,8) reichen.

Auch in der Frage nach den Zulassungsbedingungen spielt das schöpfungstheologische Argument im frühen Christentum eine Rolle. Im Kontext der Versammlung von Jerusalem (Apg 15) werden spezifisch jüdische Merkmale – die Beschneidung und die Kulttora – als Eintrittskriterien hinterfragt und letztlich aufgegeben:

## VI. Die Apostelgeschichte

„[15] Damit stimmen die Worte der Propheten überein, die geschrieben haben: [16] Danach werde ich mich umwenden und die zerfallene Hütte Davids wieder aufbauen; aus ihren Trümmern werde ich sie wieder aufbauen und aufrichten, [17] damit die übrigen Menschen den Herrn suchen und alle Völker, über denen mein Name ausgerufen ist – spricht der Herr, der das tut, [18] was ihm seit Ewigkeit bekannt ist. [19] Darum urteile ich, die aus den Völkern, die sich zu Gott bekehren, nicht zu belasten; [20] sie aber anzuweisen, sich der Verunreinigung durch Götzen, durch Unzucht, durch Ersticktes und Blut zu enthalten." (Apg 15,15–20)

Der Minimalkonsens, den Jakobus hier einbringt, greift auf die noachidischen Gebote (Gen 9,1–13) zurück. Sie sind nach rabbinischer Auffassung grundlegender Natur und gelten für alle Menschen. Sie wehren die Vielgötterei ab, denn es gibt nur einen Gott und Schöpfer. Sie schützen das Leben durch das Verbot, Blut zu vergießen oder zu morden. Sie achten Beziehungen durch das Verbot der Unzucht. Auch die – erst nach der Sintflut ergangene – Erlaubnis, Fleisch zu essen, wird dem bewussten und verantwortlichen Umgang des Menschen anvertraut: „Fleisch, in dem noch Blut und Leben sind, dürft ihr nicht essen." (Gen 9,4)

Im Alten Testament ist der Bund Gottes mit Noach der erste Bund. Er wird noch vor der Berufung Abrahams und vor dem Bundesschluss am Sinai eingegangen: ein Menschheitsbund, der auf dem Fundament der Schöpfung steht und sich aus dem Glauben an den einen Schöpfer aller Menschen ergibt.

In der theologischen Rechtfertigung der universalen Verkündigung greift das frühe Christentum auf diesen Schöpfungsglauben zurück. Der Wille Gottes, Leben zu schenken und zu retten, kann sich – wenn Gott der Schöpfer aller Welt ist – nur auf alle Menschen beziehen. Die Einladung, sich von den „nichtigen Götzen zum lebendigen Gott" (Apg 14,15) zu bekehren, wird ebenfalls durch Schöpfungsargumente untermauert. Als Schöpfer gibt sich Gott in seiner Schöpfung zu erkennen. Umwelt und Natur, der Rhythmus des Jahres und alles Wachstum in der Schöpfung bezeugen die Existenz einer so väterlichen wie mütterlichen Fürsorge: das Wirken Gottes in seiner Schöpfung.

## 2. Schöpfer und Geschöpf

Der Glaube an einen Schöpfer aller Menschen bedingt eine fundamentale Gleichwertigkeit und Würde aller Menschen. Paulus und Barnabas sollen als Götter verehrt werden. Der Blick auf Gott, „der den Himmel und die Erde und das Meer und alles in ihnen schuf" (Apg 14,15), schiebt diesem Ansinnen einen Riegel vor: „Was tut ihr da? Auch wir sind nur Menschen wie ihr (...)." (Apg 14,15)

Im griechischen Urtext wird das Wort ὁμοιοπαθής verwendet. Es setzt sich aus ὅμοιος (gleich) und παθεῖν (empfinden, erfahren, leiden) zusammen. Die Gleichheit, von der Paulus spricht, spiegelt sich in den gleichen Erfahrungen. Menschen haben gleiche Empfindungen: sie lieben

## VI. Die Apostelgeschichte

und leiden, freuen sich oder erfahren Schmerz. Diese allgemeinmenschlichen Empfindungen sind der Beweis für die Gleichwertigkeit aller Menschen. Sie verbinden. Die Kreatürlichkeit schließt alle Menschen zusammen. Am Ende stehen die Menschen – ohne Ansehen der Person, ohne weiteren Rang oder Namen – als geschaffenes und hilfsbedürftiges Geschöpf vor Gott.

Ein anderes Argument für die schöpfungstheologisch begründete Gleichheit aller Menschen bietet Paulus in seiner Rede auf dem Areopag vor epikureischen und stoischen Philosophen:[18] Gott habe „aus einem einzigen Menschen das ganze Menschengeschlecht erschaffen, damit es auf dem ganzen Erdkreis wohne. Er hat feste Zeiten und die Grenzen ihres Wohnraums festgelegt" (Apg 17,26). Der gemeinsame Ursprung und die gleiche Abstammung von einem Menschen begründen die Gemeinsamkeit aller Menschen.

Zugleich ist allen Menschen von Gott eine verbindende Sehnsucht ins Herz gegeben worden:

> „[27] dass sie Gott suchen, ob sie ihn denn spüren und finden können, und keinem von uns ist er fern. [28] Denn in ihm leben wir, bewegen wir uns und sind wir, wie auch einige der Dichter bei euch gesagt haben: Denn wir sind von seinem Geschlecht." (Apg 17,27–28)

Die Präposition ἐν (in) am Beginn von Vers 28 lässt sich durchaus auch instrumental verstehen: Der Mensch lebt *durch* Gott, nur weil Gott ihn ins Leben gerufen hat und das Leben erhält. Eine enge und dauerhafte Beziehung zwischen Schöpfer und Geschöpf wird damit vorausgesetzt. Der Mensch lebt unter dem fortwährenden Blick Gottes. Der stoischen Philosophie ist diese Vorstellung keineswegs fremd. Für die späte Stoa etwa geht Epiktet von einer engen Beziehung zwischen Gott und Mensch aus. Der Mensch kann Gott erkennen und muss sich seinem Willen fügen. Das Leben des Menschen verläuft nicht abseits von Gott. Aufgabe des Menschen ist es vielmehr, sich dem Plan und Willen Gottes zu fügen: „Ach, Zeus, und du, mein Schicksal, führt mich an den Platz, der mir einst von euch bestimmt wurde. Ich werde ohne Zögern folgen. Wenn ich aber nicht wollte, wäre ich feige und müsste euch trotzdem folgen." (Enchiridion 53)

Um Verständnis und Anschlussfähigkeit zu erreichen, zitiert Paulus den paganen Dichter Aratus (Phaenomena 5) in direkter Form. Der Hinweis, dass der Mensch von Gottes Geschlecht ist, dürfte wohl am ehesten nicht auf die biblische Gottesebenbildlichkeit, sondern die Abstammung von Gott verweisen. Als Geschöpf Gottes gehört der Mensch untrennbar zu Gott. Er ist auf ihn angewiesen. Ursprung, Leben und Ziel des Menschen liegen in Gottes Hand.

## 3. Geschöpf und Machtkritik

So nahe Gott seinen Geschöpfen ist, es bleibt ein deutlicher qualitativer Unterschied bestehen. Das Geschöpf ist eben nicht der Schöpfer. Der Mensch ist eben nicht Gott. Der Glaube an einen Schöpfer verbietet eine Anbetung des Ge-

## VI. Die Apostelgeschichte

schöpfs. Paulus und Barnabas wehren jedwede fußfällige Verehrung und Vergöttlichung ab (Apg 14,15). In Athen „packt Paulus die Wut beim Anblick der vielen Götterbilder, die es in der Stadt gab" (Apg 17,16). Sie sind Werke des Menschen: „Gott, der die Welt und alles in ihr geschaffen hat, der Herr des Himmels und der Erde, wohnt nicht in Tempeln, die von Menschenhand gemacht sind." (Apg 17,24) Die Götzenbilder kann Paulus nur als Machwerk von Menschen verstehen. Der Mensch vermag eben nicht, den Figuren Leben einzuhauchen. Das kann nur Gott (Gen 2,7). Die Götzenbilder demonstrieren damit eine zweifache Unmöglichkeit: Der Mensch ist nicht Gott, und die Götzenbilder können als leblose Figuren nicht den lebendigen Gott repräsentieren, dem allein Anbetung gebührt.[19]

Die durchaus unterhaltsame Erzählweise der Apostelgeschichte mag über die Tatsache hinwegtäuschen, dass der ganze Weg des frühen Christentums konfliktreich verläuft. Wiederholt stehen die Jünger vor Gericht. Sie werden inhaftiert und verfolgt. Stephanus wird gesteinigt. Jakobus mit dem Schwert hingerichtet. Am Ende steht Paulus unter „custodia militaris" und erwartet den Ausgang des römischen Prozesses: sein Todesurteil.

Im Verfolgen der Urgeschichte des Christentums erkennen die Leserinnen und Leser, was Haltung und aufrechter Stand sind: Unbeugsam – wie die ersten Christen – gilt es, das Evangelium zu verkünden und vor „Völker, Könige und das Volk Israel zu tragen" (Apg 9,15). Die Auseinandersetzung ist vorprogrammiert. Schon die ersten Widerstände deutet die Urgemeinde unter Zitation von

## Geschöpf und Machtkritik

Ps 2,2 als unabdingbaren Konflikt: „Die Könige der Erde standen auf und die Herrscher versammelten sich gegen den Herrn und seinen Gesalbten." (Apg 4,26) Jesus wurde von der römischen Staatsmacht gekreuzigt. Die führenden jüdischen Autoritäten Jerusalems wirkten an seiner Auslieferung mit. Botschaft und Person Jesu waren und bleiben der herrschenden Klasse ein Dorn im Auge. In Thessalonich werden Jason und weitere Christen vor dem Stadtpräfekten angeklagt: „Sie alle handeln gegen die Anordnungen des Kaisers, denn sie behaupten, ein anderer sei König, nämlich Jesus." (Apg 17,7)

Man kann es drehen und wenden wie man will, dem Glauben an den einen Schöpfergott ist ein machtkritischer Impetus eigen. Die universale und schöpfungstheologisch begründete Autorität Gottes stellt jedwede irdische Autorität kritisch auf den Prüfstand. Spielen sich Herrscher zu quasi-göttlichen Despoten auf, sind Anklage und Widerstand notwendig. „Man muss", so bringen es Petrus und die Apostel im Kontext einer Verfolgung durch die Hohenpriester und Sadduzäer auf den Punkt, „Gott mehr gehorchen als den Menschen." (Apg 5,29)

Die Übertragung fällt nicht schwer. Schöpfung ist für alle da. Wo Lebensbedingungen geraubt oder geschmälert werden, wo sich Menschen über andere erheben oder gar Menschen ihre geschöpfliche Würde geraubt wird, schreit christliche Schöpfungstheologie auf. Für die Sache an und für sich spielt es dabei keine Rolle, ob Christentum und Kirche dies im Lauf der Geschichte selbst beachtet und zureichend verwirklicht haben. Das Ideal und der

## VI. Die Apostelgeschichte

Anspruch sind da: Die Christen selbst haben sich daran zu messen.

Der schöpfungstheologische Spannungsbogen der Apostelgeschichte – von der Schöpfung zum Schöpfer, vom Menschen als dessen Geschöpf zur Machtkritik – lässt sich mit dem nachfolgenden Schaubild (Abb. 4) nochmals veranschaulichen. Erneut wird deutlich, dass ein schöpfungstheologisch verankertes Gottes- und Menschbild soziale und politische Implikationen und praktische Handlungsrelevanz besitzt.

---

### Schöpfung und Schöpfer

Schöpfungserfahrung als (interreligiöse) Dialogbasis
aus dem Schöpfersein Gottes folgen: universale Reichweite der Verkündigung, Kritik an Ausgrenzung, Überwindung von Grenzziehungen

### Schöpfer und Geschöpf

fundamentale Würde aller Menschen als Geschöpfe Gottes
als Gottes Geschöpf ist der Mensch auf Gott verwiesen

### Geschöpf und Machtkritik

der Glaube an Gott, den Schöpfer, besitzt einen machtkritischen Impuls
und fordert den Schutz der Lebensbedingungen für alle Menschen
Schöpfersein Gottes verbietet Unterdrückung und Herrschaft über Menschen

---

Abb. 4: Schöpfung in der Apostelgeschichte

# VII. Die Johannesapokalypse

Offb 22,1–7

[1] Und er zeigte mir einen Fluss mit Lebenswasser, klar wie Kristall, der vom Thron Gottes und des Lammes ausgeht. [2] In der Mitte der Straße und des Stroms, nach beiden Seiten hin, ist ein Baum des Lebens, der zwölfmal Früchte trägt und jeden Monat seine Frucht spendet, und die Blätter des Baumes sind zur Heilung der Völker. [3] Und kein Fluch wird mehr sein. Und der Thron Gottes und des Lammes wird dort sein, und seine Knechte werden ihm dienen. [4] Sie werden sein Angesicht schauen, und auf ihrer Stirn wird sein Name stehen. [5] Und Nacht wird nicht mehr sein, und sie brauchen weder das Licht einer Lampe noch das Licht der Sonne, weil Gott, der Herr, über ihnen leuchten wird, und sie werden herrschen, von Ewigkeit zu Ewigkeit. [6] Und er sagte zu mir: Diese Worte sind zuverlässig und wahr. Der Herr, der Gott über den Geist der Propheten, hat seinen Engel gesandt, um seinen Knechten zu zeigen, was in Kürze geschehen muss. [7] Und siehe, ich komme schnell. Selig, wer an den prophetischen Worten dieses Buches festhält.

Die Johannesoffenbarung ist das letzte Buch und zugleich das offene Ende des Neuen Testaments. Ihrem Selbstverständnis nach versteht sich die Schrift als eine Apokalypse: „Offenbarung Jesu Christi, die Gott ihm gab, um seinen

## VII. Die Johannesapokalypse

Knechten zu zeigen, was bald geschehen muss, und die er durch seinen Engel, den er sandte, seinem Knecht Johannes zeigte." (Offb 1,1) Johannes, aber auch die Hörerinnen und Hörer der Offenbarung erhalten Einblick. Eine Apokalypse ist eine „Ent-schleierung". Im Modus der visionären Schau wird Johannes ein religiöser Wissensvorrats enthüllt. Die einzelnen Visionen und Auditionen liefern Deutungsschlüssel. Im Durchwandern und Verfolgen der visionären Bilder und Zyklen verändert sich der Standpunkt: Johannes blickt von oben – aus der Perspektive Gottes – auf die Welt und Wirklichkeit.[20] Plötzlich ergibt alles Sinn: Ein heilsgeschichtlicher Teppich wird erkennbar, den Gott still und leise und inmitten einer gebrochenen und gebeutelten Schöpfung webt. Der Spannungsbogen reicht von einer kritischen Bestandsaufnahme in den christlichen Gemeinden am Ende des 1. Jahrhunderts in der Provinz Asia (Offb 2–3) bis hin zum Herabkommen des himmlischen Jerusalems.[21] Am Schluss betritt Johannes diese in der Zukunft erwartete, aber gläubiger Hoffnung stets nahe Gottesstadt. Er durchmisst sie regelrecht.[22] Er hört Lebenswasser rauschen. Er schmeckt die Früchte des Lebensbaums. Der Tod ist nicht mehr. Leid, Tränen und Schmerzen sind für immer vergangen. Gott wohnt inmitten seines Volkes. Es gibt keine Unterscheidung und Trennung mehr zwischen einem profanen und einem sakralen Bereich. Die Distanz ist überwunden. So müsste die Schöpfung sein. So war sie gedacht. Mit der Johannesoffenbarung steht am Ende des Neuen Testaments kein Punkt, sondern ein Doppelpunkt. Dieses Ende schließt

## VII. Die Johannesapokalypse

nicht ab, sondern streckt sich aus: sehnsüchtig und zuversichtlich nach einem „neuen Himmel" und einer „neuen Erde" (Offb 21,1).

Mehr als 500 Zitate und Anspielungen auf das Alte Testament lassen sich in der Johannesoffenbarung finden. Sie ist eine Collage aus alttestamentlichen Bildern und Motiven, imprägniert vom Glauben an Christus und durchsetzt von Anspielungen auf die Kultur und Zeitgeschichte der Adressaten. Zugleich lassen die vielen Zitate erkennen, wie es zur Offenbarung kam, von der Johannes spricht. Sie ist das Ergebnis einer intensiven Lektüre, eine frühchristliche Relecture der alttestamentlichen Heilshoffnung. Johannes liest als Christ die großen Propheten des Alten Testaments: Jesaja, Ezechiel, Jeremia und Daniel. Die prophetische Kritik, der Glaube und die Hoffnung Israels sind der Stoff, aus dem die Apokalypse gemacht ist.

Am Anfang der Bibel stehen die Schöpfungserzählungen: die Erschaffung der Welt in sieben Tagen (Gen 1,1–2,4a) und die Schöpfung des Menschen inmitten eines prachtvoll und von Leben strotzenden Schöpfungsgartens (Gen 2,4b–25). Die Johannesoffenbarung schließt mit der Vision von einem neuen Himmel und einer neuen Erde. Wie eine Klammer legt sich das Thema „Schöpfung" um die gesamte christliche Bibel. Alles wird von dieser Klammer zusammengehalten. Die gesamte Weltgeschichte ist von einer Hoffnung erfüllt. Was auch immer die Gebrochenheit der Schöpfung bedingte, am Anfang und am Ende atmet die Bibel die kristallklare Luft des Schöpfungsgartens und der himmlischen Gottesstadt.

## VII. Die Johannesapokalypse

Johannes ist darum bemüht, die Parallelität sehr deutlich zu machen. Die Vision vom himmlischen Jerusalem greift nicht nur zahlreiche Motive aus den Schöpfungserzählungen im Buch Genesis auf, sie überbietet und steigert diese sogar noch. Die Beschreibung der himmlischen Gottesstadt übertrifft den paradiesischen Urzustand. Die Schöpfung wird nicht nur so sein, wie sie war. Gott setzt die Welt nicht einfach auf den Anfang zurück. Eher scheint es, wie wenn die Schöpfung wie ein Samenkorn nun vollends aufgeht und zur Blüte kommt.

Schon im Garten Eden fließt Wasser: „Ein Strom entspringt in Eden, der den Garten bewässert; dort teilt er sich und wird zu vier Hauptflüssen." (Gen 2,10) Hier aber strömt „Lebenswasser, klar wie Kristall" (Offb 22,1). Prophetische Verheißungen erfüllen sich:

„[8] An jenem Tag wird aus Jerusalem lebendiges Wasser fließen, eine Hälfte zum Meer im Osten und eine Hälfte zum Meer im Westen; im Sommer und im Winter wird es fließen. [9] Dann wird der Herr König sein über die ganze Erde. An jenem Tag wird der Herr der einzige sein und sein Name der einzige." (Sach 14,8–9)

Das Flehen des Psalmisten findet Gehör:

„[3] Darum fürchten wir uns nicht, wenn die Erde auch wankt, wenn Berge stürzen in die Tiefe des Meeres,
[4] wenn seine Wasserwogen tosen und schäumen
und vor seinem Ungestüm die Berge erzittern.

## VII. Die Johannesapokalypse

⁵ Die Wasser eines Stromes erquicken die Gottesstadt,
des Höchsten heilige Wohnung.
⁸ Der Herr der Heerscharen ist mit uns,
der Gott Jakobs ist unsre Burg." (Ps 46,3–5.8)

Am Ende der Johannesoffenbarung steht die Einladung: „Wer hört, der rufe: Komm! Wer durstig ist, der komme. Wer will, empfange umsonst Wasser des Lebens." (Offb 22,17)

Der Lebensbaum verspricht ein Leben ohne Krankheit und Mangel. In paradiesischer Fülle spendet er Frucht. Auch hier steigert Johannes das alttestamentliche Vorbild und entfaltet die Lebenskraft des Baumes in der Mitte des Schöpfungsgartens (Gen 2,9). Der Baum der Erkenntnis von Gut und Böse (Gen 2,9) dagegen findet sich in der Visionswelt der Johannesoffenbarung nicht mehr. Sollte das heißen, dass der Mensch – nach einer langen und mühevollen Weltgeschichte – nun Gut und Böse sehr wohl zu unterscheiden weiß? Anders, aufrecht und würdevoll stehen die Menschen nun vor Gott: Sie schauen ihn unmittelbar, von Angesicht zu Angesicht. Ihnen wird nichts mehr verboten, sondern ein Recht eingeräumt und eine hoheitliche Aufgabe zuteil, denn „sie werden herrschen, von Ewigkeit zu Ewigkeit" (Offb 22,5).

Auch die menschliche Sichtweise Gottes verändert sich. Gott erscheint den Menschen nicht länger fremd. Sie verstecken oder schämen sich nicht mehr vor Gott (Gen 3,8.10). Sie leben nicht länger außerhalb des Gartens Eden (Gen 3,23). Sperrangelweit stehen die Tore der Gottesstadt offen (Offb 21,25). Gott wohnt vertraut und zu-

## VII. Die Johannesapokalypse

gänglich inmitten seines Volkes (Offb 21,3; 22,3). Auch der Ackerboden ist nicht mehr verflucht (Gen 3,17), im Gegenteil: Der Lebensbaum spendet Frucht ganz ohne Zutun des Menschen und in überirdischer Fülle.

Wiederholt wird auf den Thron Gottes und des Lammes verwiesen (Offb 22,1.3). Alle anderen gottfeindlichen Mächte sind besiegt. Gräuel, Lügen oder Lästerungen (Offb 21,27) haben keinen Platz mehr in dieser himmlischen Bürgerschaft. Die Schöpfung ist – im besten und umfassendsten Sinne des Wortes – wieder heil geworden.

Die Schönheit und Kraft, das Hoffnungspotenzial und die Inhaltsdichte dieser Schlussvision ermisst nur richtig, wer die Johannesoffenbarung in ihrer ganzen Länge Schritt für Schritt durchwandert und durchlitten hat. Nach allen Auseinandersetzungen und allem Blutvergießen, nach den Wehen und Schmerzen einer ganzen Weltgeschichte erreicht Johannes die himmlische Gottesstadt. Schon immer wurde die Johannesapokalypse bevorzugt in Unterdrückungskontexten gelesen und verstanden. Die afro-amerikanischen Spirituals und Gospels, die Zeugnisse aus den Konzentrationslagern und die Rezeption der frühchristlichen Märtyrer belegen: Die Visionen schenken Hoffnung und fordern zum Durchhalten auf.[23] Inmitten einer Schöpfung, die grausam und bedrohlich ist, beschreiben sie einen hellen Horizont.

Ist das nicht nur eine billige Jenseitsvertröstung? Zur Weltflucht fordert Johannes mit Sicherheit nicht auf. Im Gegenteil: Kaum eine Schrift des Neuen Testaments ist politisch, sozial und gesellschaftlich so praxisrelevant. Johan-

## VII. Die Johannesapokalypse

nes spornt seine Leserinnen und Leser zum aktiven Widerstand an: „Dann hörte ich eine andere Stimme aus dem Himmel rufen: Verlass die Stadt, mein Volk, damit du nicht mitschuldig wirst an ihren Sünden und von ihren Plagen mitgetroffen wirst." (Offb 18,4) Ihm schwebt eine christliche Kontrastgesellschaft vor, in der die Grenzen deutlich gezogen werden: keine Huldigungsrufe für den römischen Kaiser, kein kleinlautes Mitlaufen bei Spielen und Prozessionen zu Ehren der römischen Götter und kein Verzehr von Fleisch, das in irgendeiner Form mit dem paganen Tempelkult in Verbindung steht. Auch soziale und wirtschaftliche Nachteile für die Christen nimmt Johannes bereitwillig in Kauf. Die Aussicht auf das Kommende schenkt Einsicht und verändert die Wertmaßstäbe und das Verhalten. Nicht die Flucht aus der Welt ist das Ziel, sondern die Gestaltung der Welt. In ihrem Engagement wissen sich die Christen von einem Gott getragen und geführt, dem Welt und Menschen eben nicht egal sind. Aus der Liebe zur Schöpfung und aus der Hoffnung auf das Kommende speisen sich die Praxis und der Widerstand, wo immer Schöpfung und Geschöpfe geknechtet oder verletzt werden. Der Schöpfer selbst setzt sich an die Spitze des Einsatzes für die Schöpfung:

„Die Völker gerieten in Zorn. Doch da kam dein Zorn und die Zeit, die Toten zu richten und deinen Knechten den Lohn zu geben, den Propheten und den Heiligen und denen, die deinen Namen fürchten, Kleine und Große, und alle zu verderben, die die Erde verderben." (Offb 11,18)

## VII. Die Johannesapokalypse

### 1. Der Dreh- und Angelpunkt: Im Thronsaal des Schöpfers (Offb 4)

Der „apokalyptische Hauptteil" der Johannesoffenbarung beginnt mit einer Thronsaalvision (Offb 4,1–11). Nachdem in den Sendschreiben (Offb 2–3) die Welt der Leserinnen und Leser nach allen Regeln der Kunst durchleuchtet wurde, verlässt Johannes nun festen irdischen Boden unter seinen Füßen (Abb. 5). Es geht nach oben, in den Himmel. Eine Tür wird ihm geöffnet. Eine Stimme ruft: „Komm hier herauf!" (Offb 4,1)

Johannes nimmt die Dinge aus einer anderen Perspektive wahr. Von oben ergeben sich sinnvolle Muster. Eine planvolle Heilsgeschichte wird erkennbar. Über aller irdischen Orientierungslosigkeit wölbt sich ein Himmel, der ein Ziel verfolgt.

Der erste Blick des Sehers geht ins Zentrum: „Und siehe, ein Thron stand im Himmel, und auf dem Thron ein Sitzender." (Offb 4,2) Anders als etwa das Buch Daniel (Dan 7,9) beschreibt Johannes den Thronenden nicht konkret: nicht sein Gewand, nicht sein Alter, nicht seine Haare oder sein Aussehen. Respektvoll formuliert Johannes „ein Sitzender", ein Thronender.

Die Thronsaalvision ist durch und durch konzentrisch aufgebaut. Präpositionen bestimmen den Erzählverlauf: auf dem Thron, um den Thron, aus dem Thron, vor dem Thron oder rings um den Thron. Die Mitte bleibt fest. Der Thron markiert das unerschütterliche Zentrum.

## Der Dreh- und Angelpunkt: Im Thronsaal des Schöpfers (Offb 4)

Wer dieser Thronende ist, das lässt sich nicht abstrakt sagen, sondern nur – mit tastenden Bildern und Vergleichen – illustrieren. Überhaupt baut die Johannesapokalypse auf die Aussage- und Verwandlungskraft der Bilder und Eindrücke, der Farben und Formen, der Geräusche und Gerüche. Die Johannesoffenbarung ist für die mündliche Verlesung konzipiert. Die Adressaten halten die Schriftrolle nicht in Händen, sondern sollen ihr Ohr auftun, um die Visionen und Auditionen sinnlich nachzuerleben. So verspricht sich Johannes einen hohen Wirkungsgrad: Seine Schrift ist nicht nur etwas für den Kopf, sondern für den ganzen Menschen. Er spricht die Sinne an und das Herz. Mit Haut und Haaren werden die Hörerinnen und Hörer in die Visionswelt des Buchs hineingenommen.

In der Auslegungsgeschichte wurde oft versucht, die Farbe der detailreichen Visionen abzukratzen, um den eigentlichen Sinn freizulegen. Aber der „Sinn" liegt doch gerade in den Farben, Formen und Tönen. Die Johannesoffenbarung eignet sich nicht zum exegetischen Zerstückeln. Sie wirkt als Ganzes: durch den Verlauf und Spannungsbogen, das Betrachten der visionären Gemälde und das hingebungsvolle Hinhören. Sie lebt von Leserinnen und Lesern, die sich packen lassen!

Die Umgebung des Throns macht deutlich, wer der Thronende ist. Seine Identität spiegelt sich in den einzelnen Requisiten und Vorgängen im Thronsaal. Ein Bogen umgibt den Thron (Offb 4,3). Er erinnert an die Zeit nach der großen Flut: „Meinen Bogen setze ich in die Wolken,

## VII. Die Johannesapokalypse

und er sei das Zeichen des Bundes zwischen mir und der Erde." (Gen 9,13) Das Markenzeichen des Thronenden ist der Bund. Alles, was folgt, muss von diesem Zeichen her verstanden und entschlüsselt werden. Das Geschehen, das vom Thronsaal ausgeht, ist Ausdruck des Bundes, ist die Verwirklichung der Barmherzigkeit und Treue Gottes.

Vor dem Thron ist etwas zu erkennen wie ein „gläsernes Meer" (Offb 4,6). Der Thron ist nicht unmittelbar zugänglich. Das Meer schafft Distanz und verdeutlicht die Transzendenz. Auch Mose wird in der Erzählung vom brennenden Dornbusch ermahnt: „Der Herr sagte: Komm nicht näher. Leg deine Schuhe ab, denn der Ort, wo du stehst, ist heiliger Boden." (Ex 3,5)

Das Meer darf aber auch als ein bedrohliches Element verstanden werden. Schon der Psalmist weiß um „die Fluten des Verderbens" (Ps 18,5) und die Bedrohung durch „die wilden und wogenden Wasser" (Ps 124,5). Gerade in der Johannesoffenbarung ist das Meer die Wohnstatt des Bösen: Aus dem Meer steigt das Tier auf, der diabolische Gegenspieler Gottes (Offb 13,1). Hier aber liegt das Meer ruhig. Die Bedrohung verstummt. Das Böse schweigt. Die Elemente der Schöpfung sind im Angesicht ihres Schöpfers in Frieden.

Rings um den Thron finden sich vier Lebewesen (Offb 4,6–8). Auch hier schöpft Johannes aus den großen Thronsaalvisionen des Alten Testaments (Ez 1,10; 10,14; Dan 7,4). Gleichwohl verändert er die Beschreibung: Jedes Wesen wird (nur) mit einem Lebewesen verbunden. Löwe, Stier, Mensch und Adler umgeben den Thron. Viel spricht dafür, darin die verschiedenen Gattungen der Lebewesen

## Der Dreh- und Angelpunkt: Im Thronsaal des Schöpfers (Offb 4)

zu erkennen. Sie repräsentieren die belebte Schöpfung: Der Löwe vertritt die Wildtiere, der Stier die Nutztiere und der Adler die Flugtiere. Als Krone der Schöpfung fehlt auch der Mensch nicht. Die Lebewesen verdanken ihre Existenz dem Thronenden. Darum geben sie ihm die Ehre und sind auf ihn ausgerichtet.

Spätestens hier wird deutlich, wer der Thronende ist: Gott, der Schöpfer. Bezeichnend ist der Titel, den die Lebewesen in ihrem Lobpreis gebrauchen. Sie rühmen Gott, den Pantokrator, den Allmächtigen. Zur Entstehungszeit der Johannesapokalypse – am Ende des 1. Jahrhunderts – mag diese Anrede die Erinnerung an verschiedene Herrscher wachrufen: an den Kaiser, die lokale politische Prominenz oder die Kultpriesterschaft Kleinasiens. Gott aber ist der Allbeherrscher! Der Titel klingt kämpferisch. Allein Gott kommt die oberste Ehre zu. Er wird sogar aufgefordert, seine „Macht zu nehmen" (Offb 4,11). Anscheinend greifen auch andere Herrschaften nach der Macht. Die Welt ist geknechtet. „Die Schöpfung" – so formuliert Paulus – „ist der Vergänglichkeit unterworfen." (Röm 8,20) Mit dem Schöpfersein Gottes ist die Hoffnung verbunden, dass diese Schöpfung von allen anderen verderblichen Mächten befreit wird und ein gutes Ende nimmt.

Die erste Vision des apokalyptischen Hauptteils fordert zum Perspektivenwechsel auf. Gott sitzt im Regiment. Die Welt ist nicht Zufall, sondern eine absichtsvolle Schöpfung Gottes. Alle nachfolgenden Visionen illustrieren die Hoffnung, die im Schöpfersein Gottes begründet liegt: das Heraufführen einer neuen Welt und den Sieg Gottes über

## VII. Die Johannesapokalypse

alle zerstörerischen und schöpfungsfeindlichen Mächte und Gewalten (Offb 11,18).

Das erste Bild des apokalyptischen Hauptteils ist ein eindrückliches Glaubensbekenntnis. Am Anfang steht ein guter, weiser und machtvoller Schöpfergott. Man könnte das Gegenteil vermuten: Die Schöpfung sei nur das Werk blinden Zufalls oder lediglich eine Laune der Natur. Lässt der Zustand dieser Welt wirklich auf einen planvoll handelnden Schöpfergott schließen? Steht im Hintergrund der Welt und des Weltalls wirklich Gott? Man denke doch an all die Schmerzen, die Ungerechtigkeit und Sinnlosigkeit auf Erden! Führt tatsächlich ein guter Schöpfer das Regiment?

Nach dem Tod seiner Frau stellte Clive Staple Lewis sehr eindrücklich diese Frage: Ist da wirklich jemand? Oder wütet nicht nur ein blindes Schicksal, vor dem sich letztlich niemand retten kann?

„Aber geh zu Ihm in verzweifelter Not, wenn jede andere Hilfe versagt, was findest du? Eine Tür, die man dir vor der Nase zuschlägt, und von drinnen das Geräusch doppelten Riegelns. Danach Stille. Geh weiter. Je länger du wartest, um so nachdrücklicher wird die Stille. Die Fenster zeigen kein Licht. Das Haus könnte leer stehen. War es je bewohnt? (...) Warum ist Er in Zeiten des Wohlergehens mit Seinen Befehlen so gegenwärtig und warum so meilenfern als Hilfe in Zeiten der Trübsal?"[24]

Johannes dagegen steigt hinauf und sieht: Der Himmel ist bewohnt. Einer sitzt im Zentrum. Es wird – so chaotisch es

## Ein religiöser Wissensvorrat: Dreieinhalb Zeiten in Bedrängnis

auf Erden auch zugehen mag – regiert. Dieser Gott ist kein deistischer Uhrmacher. Er wirft nicht nur das System an und zieht sich dann zurück. Er behält das Heft in der Hand. Er führt die Heilsgeschichte zur Vollendung. Er ruht nicht, bis das Ziel erreicht ist: „Siehe, ich mache alles neu." (Offb 21,5)

### 2. Ein religiöser Wissensvorrat: Dreieinhalb Zeiten in Bedrängnis (Offb 12)

Auf den konzentrisch geordneten Thronsaal folgt ein chaotisches Kampfgeschehen. Just in der Mitte der Johannesoffenbarung wird – als Herzstück des Ganzen – der Sturz Satans aus dem Himmel beschrieben (Offb 12,1–18). Die Vision gießt einen theologischen Wissensvorrat ins Bild. Anklänge an die Jesustradition und den bereits betrachteten Text Lk 10,18 sind nicht zu überhören. Hier wie dort erklärt der Satanssturz, warum die Schöpfung so ist, wie sie ist: gar nicht harmonisch und idyllisch, sondern gebeutelt und geknechtet.

Dem Wortsinn nach meint Diabolos eigentlich „Durcheinanderwerfer". Der Teufel ist der Störenfried, der Ankläger der Menschen, derjenige, der das gute Verhältnis zwischen Gott und Mensch durcheinanderwirft. Das bereits erwähnte Buch Ijob erzählt davon. Als Gott seinen Knecht Ijob lobt, versucht der Satan einen Keil zwischen Gott und Ijob zu treiben: „Ist Ijob ohne Grund gottesfürchtig? (...) Streck nur einmal deine Hand aus und taste alles an, was

## VII. Die Johannesapokalypse

er hat, er wird dir ins Angesicht fluchen!" (Ijob 1,9.11) So wird der Satan auch in der Johannesoffenbarung als „Ankläger unserer Brüder, der sie Tag und Nacht vor Gott verklagte" (Offb 12,10), verstanden.

Der Satan wirft aber auch die kosmische Ordnung durcheinander. Er fegt Gestirne vom Himmel (Offb 12,4). Erde und Meer hören das „Wehe" (Offb 12,12). Menschen und ganze Reiche führt er in die Abhängigkeit. Der Diabolos stellt die Schöpfungsordnung auf den Kopf. Am Ende der ersten Schöpfungserzählung im Buch Genesis

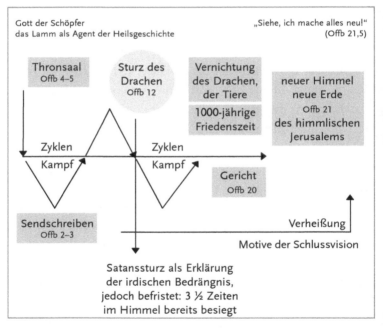

Abb. 5: Schöpfung in der Johannesapokalypse

## Ein religiöser Wissensvorrat: Dreieinhalb Zeiten in Bedrängnis

hat es noch geheißen: „Gott sah alles an, was er gemacht hatte: Es war sehr gut!" (Gen 1,31) Auf eine vom Satan bedrängte Schöpfung trifft das nicht mehr zu. Nichts ist mehr in Ordnung: Der Mensch lebt jenseits von Eden.

Die Mitte der Johannesoffenbarung setzt im Modus der visionären Schau einen religiösen Wissensvorrat ins Bild: Der Drache hat seinen Platz im Himmel unwiederbringlich verloren. Er ist tödlich getroffen. Im Himmel wird dieser fundamentale Sieg bereits gefeiert (Offb 12,12). Die Herrschaft des Satans auf Erden wird vorübergehen. Ihm bleibt nur eine kurze Frist. Die Gebrochenheit der Schöpfung wird als Todeszucken des Satans, als ein letztes Aufbäumen des Drachen verstanden. So darf man Hoffnung haben. Das Reich Gottes ist im Kommen (Abb. 5).

Johannes ergeht sich nicht in einer billigen Schöpfungsromantik. Ganz im Gegenteil: Die Schöpfung blutet und seufzt. Sie ist der Vergänglichkeit und dem Tod unterworfen. Es bleibt noch viel zu wünschen übrig. Doch über einer duster und unwirtlich gewordenen Erde öffnet die Apokalypse ein Fenster. Licht scheint herein. Der Sturz des Satans entfacht die Hoffnung auf eine erneuerte und nicht länger bedrängte und belastete Schöpfung.

Eine billige, naive oder stürmisch-drängende Naturromantik ist das nicht. Hier wird das Wort „Schöpfung" nicht liebevoll gehaucht, sondern voller Ernst und mit einem sehr wissenden Unterton ausgesprochen. Die Schöpfung ist nicht einfach gut. Alle Welt leidet. Die Erde steht in Flammen. Johannes spricht von der „Bedrängnis" (Offb 1,9; 7,14). Der Schmerzensschrei der Kreatur verklingt auch in der Johan-

## VII. Die Johannesapokalypse

nesoffenbarung nicht: „Herr, warum zögerst du, wie lange noch müssen wir warten?" (Offb 6,10)

Die Schöpfung leidet nicht nur, weil der Mensch sie knechtet und ausbeutet. Der Riss geht tiefer. Schöpfung und Mensch sind von weit mehr Dingen bedroht als einem falschen Umgang mit der Natur. Fressen und gefressen werden, Altern und Krankheit und schließlich die Tatsache des Todes werfen Fragen auf. Ganz grundsätzlich fordert das Leid in der Welt eine Antwort von Gott. Die Theodizee-Problematik entzündet sich an den Wunden einer nicht nur schönen, sondern auch hässlichen, grausamen und ungerechten Welt.

Letzte Antworten bietet auch die Johannesoffenbarung nicht. Sie philosophiert nicht und argumentiert nicht, sie erzählt. Sie setzt Hoffnung ins Bild. Mit Nachdruck klammert sie sich an den Glauben an einen guten Schöpfer, der den Anfang gemacht hat und die Schöpfung ans Ziel führt. Er ist „das Alpha und das Omega, der Erste und der Letzte, der Anfang und das Ende" (Offb 22,13). Diese Schöpfung dauert – im Bild und mit der Zahlensymbolik der Johannesoffenbarung gesprochen – „42 Monate" (Offb 11,2; 13,5), „1260 Tage" (Offb 11,3; 12,6) oder „dreieinhalb Zeiten" (Offb 12,14). Die Bedeutung der Zahlenwerte ist jeweils identisch und steht mit der Zahl Sieben, der Zahl der Vollständigkeit und Fülle, in Verbindung. Dreieinhalb ist die Hälfte von Sieben und bezeichnet eine Zeit des Übergangs, der Anfechtung und Krise. Dreieinhalb Jahren entsprechen 42 Monate und 1260 Tage (30x42). Es sind Zeiträume, die nicht ewig dauern. Diese Schöpfung und auch die Bedrängnis sind vorläufig. Die Schöpfung liegt „in Geburtswehen" (Röm 8,22), würde wohl Paulus sagen.

## 3. Das Ziel der Schöpfung: Die himmlische Gottesstadt (Offb 21–22)

Das Alte ist vergangen. Neues kommt. Am Ende beschreibt die Johannesapokalypse eine entscheidende Zäsur. Eine neue Schöpfung entsteht vor den Augen der Leserinnen und Leser: „Siehe, ich mache alles neu." (Offb 21,5) Es sind die ersten Worte Gottes in der Johannesoffenbarung und die letzten der Heiligen Schrift. Machtvoll setzt Gott einen Schlusspunkt, der eigentlich ein neuer Anfang ist. Das Ziel der Heilsgeschichte sind ein neuer Himmel und eine neue Erde.

Zu beachten ist, dass hier nicht von einer evolutionären Entwicklung die Rede ist. Diese neue Schöpfung wächst nicht schön langsam aus der Erde empor. Die Selbstheilungskräfte der Schöpfung oder die Leistung des Menschen führen nicht zum Ziel. Die von oben kommende Gottesstadt erteilt allen menschlichen „Heilandsprojekten" eine klare Absage. Letztlich ist die vollendete Schöpfung Tat und Geschenk Gottes.

Fast lapidar klingt die Formulierung: „Das Meer ist nicht mehr." (Offb 21,1) Es kann nicht mehr sein, weil es ein Bild für Verderben und Untergang war. So ist in der neuen Schöpfung für dieses Meer kein Platz mehr. An die

## VII. Die Johannesapokalypse

Stelle des Meers tritt das Lebenswasser (Offb 21,6; 22,1). Die Elemente sind gereinigt. Der ursprüngliche Schöpfungszustand ist wiederhergestellt.

Wiederholt wird das Adjektiv „neu" verwendet. Die Rede ist von einem „neuen Himmel", einer „neuen Erde" und von der Tatsache, dass Gott alles „neu macht". Das Wort „neu" fungiert in der apokalyptischen Literatur als heilszeitliches Adjektiv, das einen eigenen theologischen Tiefensinn besitzt:

> „καινός (sc. neu) ist der Inbegriff des ganz Anderen, Wunderbaren, das die Endheilszeit bringt. Daher ist neu zielweisendes Leitwort der apokalyptischen Verheißung (...). Neuschöpfung ist das herrliche Ende der Heilsoffenbarung Gottes, das Hochziel urchristlicher Hoffnung, das aus der Heilszukunft schon in die Gegenwart der Christen auf der alten Erde hineinleuchtet, weil sie durch Christus Heilsgegenwart geworden ist (...)."[25]

In der Tat: Christus hat als das geschächtete und aufrecht stehende Lamm Anteil an dieser neuen Schöpfung. Im Anschluss an die Thronsaalvision empfängt das Lamm aus der Hand Gottes das Siegelbuch (Offb 5,1–14). Das Lamm setzt die entscheidende Phase in Gang und öffnet Siegel um Siegel. Das tödlich verwundete, aber aufrecht stehende Lamm ist Agent der Endzeit. In Tod und Auferweckung Jesu leuchtet die Vollendung der Schöpfung auf. Ostern und Neuschöpfung gehören untrennbar zusammen. Am Ende muss für die gesamte Schöpfung gel-

## Das Ziel der Schöpfung: Die himmlische Gottesstadt (Offb 21–22)

ten, was Ostern schon mit Blick auf die Auferweckung Jesu feiert: „Der Tod wird nicht mehr sein, auch nicht Trauer, Klage, Mühsal wird nicht mehr sein." (Offb 21,4)

Die Neuschöpfung beinhaltet damit weit mehr als nur die Beseitigung menschlicher Böswilligkeit. Die Schöpfung leidet nicht nur, weil der Mensch verantwortungslos in ihr und an ihr handelt. Die Neuschöpfung heilt auch jenen Riss, auf den der Mensch keinen Einfluss hat und unter dem er selbst leidet als begrenztes und sterbliches Geschöpf. Zur christlichen Heilshoffnung gehört die umfassende Erlösung der Schöpfung: „Der letzte Feind, der vernichtet wird, ist der Tod." (1 Kor 15,26) Nicht weniger erwartet der Christ von dieser neuen Schöpfung.

Damit schließt sich ein großer Kreis. In der Beschreibung der himmlischen Gottesstadt (Offb 21–22) greift Johannes auf den Anfang der Bibel zurück. Die Schöpfungserzählungen aus dem Buch Genesis lassen sich als Bauplan und Hoffnungshorizont dieser neuen Schöpfung lesen. Jede einzelne Aussage – ob zur Gemeinschaft der Menschen untereinander oder mit Gott oder zu einzelnen Elementen wie Wasser, Garten oder Licht – wird in der Schlussvision der Johannesoffenbarung aufgegriffen und gesteigert. Statt der Vertreibung, wird nun Gemeinschaft hergestellt und gefeiert. Der Mensch schaut und erkennt Gott von Angesicht zu Angesicht. Dort flossen Paradiesströme. Hier rauscht Lebenswasser. Dort stand der Baum des Lebens. Hier werden die Fülle und Fertilität des Baums noch potenziert. Das himmlische Jerusalem präsentiert sich als eine formvollendete, sogar geometrisch perfekte,

## VII. Die Johannesapokalypse

mit den allerbesten Materialien der Erde erbaute, vor allen Dingen aber von Gott bewohnte Stadt.

Am Ende seiner Schrift blickt Johannes auf das, was kommt, was er erwartet und ersehnt (Abb. 5). Diese Erde ist nicht Gottes letztes Wort. Tod und Vergehen, Leid und Mühsal hoffen auf eine verwandelte, von Gott erneuerte Schöpfung. Der Christ lebt von dieser Aussicht. Aber im Grunde streckt sich doch jeder Mensch, alle Kreatur und die gesamte Schöpfung nach dieser Hoffnung aus: nach der Befreiung der alten Erde vom Joch der Vergänglichkeit.

# VIII. Die Schöpfung: Ein neutestamentliches Panorama

Die Schöpfung hat im Neuen Testament viele verschiedene Facetten. Die Lese-Reise zu den einzelnen Aussagen, Schriften und Autoren hat dies sehr deutlich werden lassen. Auch hinsichtlich des Themas „Schöpfung" gilt, was für das Neue Testament und die Bibel ganz generell zu bedenken ist: Gott spricht „in der Heiligen Schrift durch Menschen nach Menschenart" (DV 12). Unterschiedliche Kontexte und Hintergründe, Herausforderungen und Konfliktkonstellationen, die je verschiedene geistesgeschichtliche Beheimatung der Autoren und die je eigenen Situationen der Adressaten prägen den Inhalt und die Darstellungsform.

Johannes nimmt die Welt in einer dezidert apokalyptischen Perspektive wahr. Er sieht – in einer Radikalisierung der Wirklichkeit – die Welt im Kampf: Sie wird geknechtet und ausgebeutet. Die Schöpfung leidet. Unserem zeitgenössischen Empfinden und unserer aktuellen Wahrnehmung von Umwelt und Schöpfung dürfte die Sicht des Sehers erstaunlich nahekommen.

Die Apostelgeschichte lotet das Thema „Schöpfung" interkulturell und interreligiös aus. In der urchristlichen Verkündigung bietet die Materie zahlreiche Anschlussmöglichkeiten. Der Blick auf die Schöpfung kann Verständnis für dezidiert christliche Verkündigungsinhalte wecken: sei es für die Vorstellung von einem guten Schöpfer, für die

## VIII. Die Schöpfung: Ein neutestamentliches Panorama

Verantwortung und Aufgabe des Menschen, für die Würde des Geschöpfs oder für die notwendige Kritik am Missbrauch einer Welt, die als Schöpfung zu schützen und zu erhalten ist.

Jesus sieht die Schöpfung als Spiegel des Schöpfers. An ihr lässt sich die Vatersorge Gottes ablesen. Gerade das Beste vom Besten in der Schöpfung erzählt von dem, was Gott wollte und mit seiner Schöpfung vorhat. Die Schöpfung steht zwischen „schon" und „noch nicht": zwischen schon erfahrbarem Leben und Glück auf der einen und jener tiefen Sehnsucht auf der anderen Seite, die aus dem Leid und den Wunden der Schöpfung erwächst.

Paulus buchstabiert dies aus und begreift die Christen als „neue Schöpfung", die schon jetzt Anteil haben an der Auferweckung Jesu, in der Ziel und Fülle der Schöpfung aufscheinen. Die Aussicht auf das Kommende stellt viel in den Schatten: „Denn weder Beschneidung noch Unbeschnittensein gilt etwas, sondern eine neue Schöpfung." (Gal 6,15) Die Zukunft setzt die Gegenwart in ein anderes Licht. Für Paulus kann der Einblick in den Schöpfungsplan Gottes nur heißen, schon jetzt „als neue Menschen zu leben" (Röm 6,4) und so am Kommen und am Aufbau dieser neuen Schöpfung mitzuwirken.

Gibt es eine schöpfungstheologische Schnittmenge oder Summe aller Schriften des Neuen Testaments? Ganz sicher sind alle biblischen Aussagen zum Thema „Schöpfung" in der fundamentalen Überzeugung verbunden, dass am Anfang der Schöpfung ein weiser, den Menschen zugewandter, die Schöpfung nicht aus den Augen lassender und zum Ziel führender Gott steht. Schöpfung in der Bibel ist – im ganz ursprünglichen Sinn des Wortes – eben Schöpfung: Werk eines Schöpfers.

Zudem lassen sich Grundzüge des neutestamentlichen Schöpfungsverständnisses – mit aller Vorsicht und im Bewusstsein um die unterschiedliche Kolorierung des Themas in den verschiedenen Schriften – benennen. Das Panorama soll ein Rundumblick sein und nach den Details und Einzelanalysen einen atmosphärischen Eindruck hinterlassen. Wie sieht das Neue Testament die Schöpfung?

## 1. Keine billige Romantik: Das Seufzen aller Schöpfung

Auffallend sind der immer auch ernste Tonfall und das weinende Auge, wenn von der Schöpfung die Rede ist. Mag sein, dass das Neue Testament Sand in einen schwärmenden Ruhm und Lobpreis der Schöpfung streut. Es knirscht, weil die Schöpfung eben nicht einfach gut, schön oder faszinierend ist. An der Schöpfung, so wie sie sich in aller Größe und allem Glanz zeigt, muss man sich doch auch stoßen und reiben. Theologisch wäre es auf jeden Fall zu wenig, nur den sternenbekränzten Himmel oder den planvollen Aufbau einer Zelle zu rühmen. Man darf von einer anspruchsvollen Schöpfungstheologie erwarten, dass sie sich nicht blenden lässt und das Ganze im Blick behält. Die Blume welkt. Sternschnuppen sind erloschene Sterne. Der Mensch stirbt. Diese Schöpfung duftet nicht

## VIII. Die Schöpfung: Ein neutestamentliches Panorama

nur. Faulen und Modern, Verwesung und Untergang sind ebenso Teil dieser Schöpfung.

Eine neutestamentliche Schöpfungstheologie fordert einen ehrlichen Blick auf die Welt. Beides gehört dazu: Glanz und Grauen, Schönheit und Scheußlichkeit, Begeisterung und Bedrückung. Schon der Psalmist kann die Herrlichkeit Gottes in seinen Werken rühmen (Ps 19,2) und vor den Fluten des Verderbens bis ins Mark erschaudern (Ps 18,5). Jesus wird als Fresser und Säufer verschrien (Lk 7,34) und kann die Gaben der Schöpfung genießen. Er weiß aber auch um den Hunger der Menschen (Mk 6,37) und um tiefgreifendes Leid, auf das es schier keine Antwort zu geben scheint (Joh 9,2–3).

Gott spiegelt sich in der Schöpfung. Die Einsicht in die Gesetze der Natur und in die große wie kleine Architektur der Schöpfung lässt eine Handschrift erkennen, die mehr als Zufall sein muss. Gott wird „seit der Erschaffung der Welt mit der Vernunft an seinen Werken wahrgenommen" (Röm 1,20). Doch gilt das nur für die kräftige und durchwegs positiv faszinierende Seite der Schöpfung? Stellt nicht gerade die Gebrochenheit der Schöpfung die Gottesfrage noch viel lauter und entschiedener? Ein Satz von Clive Staples Lewis weist in diese Richtung: „Gott flüstert in unseren Freuden, er spricht in unserem Gewissen; in unseren Schmerzen aber ruft er laut. Sie sind Sein Megaphon, eine taube Welt aufzuwecken."[26] Dass soll nun nicht heißen, dass Gott den Schmerz zu pädagogischen Zwecken gewollt hätte und einsetzen würde. Das ausdrückliche Bekenntnis der Bibel lautet doch, dass die Schöpfung

## Keine billige Romantik: Das Seufzen aller Schöpfung

am Anfang nicht so war. Gemeint ist vielmehr, dass die Gebrochenheit der Schöpfung nach Gott schreit, dass sie – wie die Freude und womöglich noch deutlicher – auf Gott hinweist, Hoffnung entfachen und zum Glauben führen kann.

Was wäre denn, wenn der Schmerz das letzte Wort hätte? Was bliebe noch an Lobpreis für diese Schöpfung übrig, wenn Nacht und Vergehen endgültig wären? Die Schöpfung wäre eine Episode, die Leid und Schmerz und schier unendliche Schlachtfelder voller Opfer produziert hat. Den Opfern der Geschichte eilt dann kein Gott zu Hilfe. Ohne Gott wäre diese Schöpfung – das darf nicht vergessen werden – eine zutiefst grausame, kalte und hoffnungslose Welt. Opfer blieben Opfer. Sinn hätte alles eitle Trachten und Kämpfen nicht gehabt. Am Ende stünde die Nacht: ein erloschener Stern im dunklen Universum, der sich womöglich sogar selbst in Flammen gesetzt hat.

Insofern ist das Neue Testament in Sachen „Schöpfung" doch sehr realistisch. Es setzt hinter das Wort „Schöpfung" ein Ausrufe- und ein Fragezeichen: Es weiß um Schönheit und Unvollkommenheit, es lobt die Schöpfung und leidet an ihr. Letztlich befriedigende Antworten auf die Frage, warum diese Welt so ist, wie sie ist, gibt wohl weder das Neue Testament noch die Bibel insgesamt. Der mythische Bildervorrat der Schöpfungserzählungen oder der Vision vom Satanssturz setzt den Glauben an einen Gott ins Bild, der eher mit seiner Schöpfung leidet, als dass er sie leiden lässt. Die Schöpfungserzählungen und alle Schöpfungsaussagen sind vom Glauben an einen guten Schöpfer und von der Hoffnung auf eine von Gott erlöste und vom Tod befreite Schöpfung durchdrungen.

Der Glaube übersieht nicht die Gebrochenheit der Schöpfung, aber er sieht sie anders. Paulus spricht von „Geburtswehen" (Röm 8,22). Das nimmt dem Leben nicht den Schmerz. Das macht die Schöpfung nicht einfach wundervoll. Paulus spricht die Einladung aus, Leben und Welt anders zu deuten: mit gläubigen Augen und ohne dabei etwas verdrängen oder kaschieren zu müssen.

## 2. Mehr als Müll und Klima: Umweltschutz hat viele Facetten

Schöpfungsverantwortung wird im Neuen Testament durchwegs ganzheitlich gesehen und umfassend verstanden. Ob wir nicht heutzutage allzu leicht Alibi-Tätigkeiten vorschieben, die das Gewissen beruhigen, aber das Problem nicht an der Wurzel packen? Schöpfungsverantwortung ist in der Bibel stets vernetzt: mit der Frage nach dem Selbstverständnis des Menschen, nach dem Sinn und Ziel der Schöpfung und nach ethischen Grundsätzen. Die Gefahr ist jedenfalls groß, dass ein Engagement für die Schöpfung ohne grundlegende Lebenshaltung auf recht beliebigen und tönernen Füßen steht. Kurzum: So wichtig und entscheidend Müllvermeidung, das Ende der Abholzung des Regenwaldes oder die Reduzierung von Abgasen sind, es geht um eine weitaus komplexere Perspektive. Zudem gilt es zu bedenken, dass auch begrifflich zwischen „Natur"

## Mehr als Müll und Klima: Umweltschutz hat viele Facetten

und „Schöpfung" – schöpfungstheologisch – zu unterscheiden ist. „Theologisch kann der Mensch nicht Subjekt der Bewahrung von Schöpfung sein; richtiger müsste von ‚Bewahrung der Natur im Wissen um ihren Charakter als Schöpfung' gesprochen werden."[27] Vor dieser Aufgabe steht der Mensch. Diese Verantwortung kommt ihm schöpfungstheologisch zu. Und dabei geht es eben nicht nur um einzelne Verhaltensweisen, sondern um eine Grundhaltung!

Schon in der Verkündigung Jesu ist die Liebe zur Natur etwa mit dem Gebot der Feindesliebe verbunden. Wer einen Schöpfer am Werk sieht, versteht sich als Geschöpf und nicht als Alleinherrscher. Wer mit der Schöpfung leidet, erklärt sich solidarisch mit aller Kreatur. Kann man ehrlicherweise Bäume pflanzen, aber dem Nachbarn das Lebenswasser abgraben? Es ginge doch darum, Wurzelsünden anzugehen, die das Gefüge in Schieflage gebracht haben und die Umwelt schädigen. Unabdingbarer Bestandteil des Umweltschutzes sind Haltungen und Werte wie Bescheidenheit, Selbstgenügsamkeit, Profitverzicht und Nächstenliebe. Kann man heutzutage noch davon sprechen, ohne gleich verstaubt und altmodisch zu wirken?

Auch für Paulus lassen sich Schöpfungstheologie und Schöpfungsverantwortung nicht trennen. Theorie und Praxis bilden eine Einheit. Die Wahrnehmung der Welt als Schöpfung führt zu einem neuen Umgang der Geschöpfe miteinander. Die Einsicht in den Schöpfungsplan Gottes adelt Werte und Haltungen, die letztlich kondensiert, ja personifiziert sind in der Botschaft und im Leben Jesu.

## VIII. Die Schöpfung: Ein neutestamentliches Panorama

Paulus sieht die Gemeinden als eine „neue Schöpfung" (2 Kor 5,17; Gal 6,15), in der Standesunterschiede überwunden sind, die Feindschaft besiegt wird und das Wohl des Anderen die Triebkraft des Handelns ist:

> „[1] Wenn es nun irgendeine Ermutigung in Christus gibt, Zuspruch aus Liebe, die Gemeinschaft des Geistes, irgendein Erbarmen und Mitgefühl, [2] dann füllt meine Freude damit, dass ihr eines Sinnes seid, einander in Liebe zugetan, einmütig und einträchtig, [3] dass ihr nichts aus Eigennutz oder Eitelkeit tut, sondern in Demut schätze einer den anderen höher ein als sich selbst, [4] jeder achte nicht auf das Seine, sondern auf das Wohl der anderen. [5] Habt die Gesinnung in euch, die Christus Jesus entspricht". (Phil 2,1–5)

In den darauffolgenden Versen bietet Paulus einen vorgeformten Christushymnus (Phil 2,6–11). Dieser beschreibt die Erniedrigung und Hingabe Jesu und den Verzicht auf die eigene Würdestellung. Die Lebensbewegung Jesu wird für Paulus zum Modell und Maßstab. Die gesamte Schöpfung profitiert davon, applaudiert und atmet auf, wenn schließlich „[10] im Namen Jesu sich jedes Knie beugt, im Himmel, auf Erden und unter der Erde, [11] und jede Zunge bekennt, dass Jesus Christus der Herr ist, zur Ehre Gottes, des Vaters." (Phil 2,10–11)

Die Johannesoffenbarung gibt mit dem konzentrischen Bild des Thronsaals, dessen Mittelpunkt der Schöpfer ist, der gesamten Schöpfung eine Ordnung und Orientierung. Die Schöpfung hat sich vor den Werten und dem Plan dieses Schöpfers zu verantworten. Ein richtiger Umgang mit der Schöpfung schließt mehr ein als die sorgfältige Pflege von Fauna und Flora. Es gibt noch andere Formen der Umweltverschmutzung, die den Müll in der Landschaft erklären: das Ausbeuten von Menschen und die Gier nach Profit (Offb 17,4; 18,3.7.11–14), die Unterdrückung von Menschen (Offb 13,7.16–17) und das Anbeten der Geschöpfe statt des Schöpfers (Offb 13,4.15), Lüge, Lästerung und Götzendienst (Offb 13,6; 22,15). All das sind Pervertierungen der Schöpfung, Dolchstöße in den Rücken einer von Gott anders gedachten und konzipierten Welt. Die Gier nach Macht verteuert die Lebensmittel. Das böswillige Raffen beutet Ressourcen aus. Die eigene Vergöttlichung macht andere Menschen zu willfährigen Marionetten. Johannes spricht eine deutliche Mahnung aus: Der Glaube an einen Schöpfergott bedingt auch eine veränderte Sicht des Menschen und führt zu einem respektvollen Umgang mit der gesamten Schöpfung.

Damit wir uns richtig verstehen: Alle einzelnen Projekte zum Schutz und Erhalt der Schöpfung sind entscheidend und unbedingt geboten. Doch ohne Reflexion auf das Menschenbild – und in gläubiger Perspektive auch auf das Gottesbild – und eine schöpfungstheologische Ethik droht die Gefahr, dass Symptome nur weggeschminkt werden, ohne die Krankheit zu kurieren. Das macht die Aufgaben nicht geringer und den notwendigen gesellschaftlichen Diskurs nicht einfacher. Neutestamentliche Schöpfungstheologie aber fragt radikal und tiefgründig. Lassen sich nicht nur so tragfähige Antworten finden?

VIII. Die Schöpfung: Ein neutestamentliches Panorama

## 3. Gekreuzigte Liebe: Anpackende Solidarität und ernste Zuneigung

Die Schöpfung steht zwischen „schon" und „noch nicht". Sie befindet sich im Übergang. Jesus spricht von der Nähe des Gottesreichs, dessen Vollendung aber letztlich Sache Gottes ist. Paulus erwartet die Wiederkunft Christi und die umfassende Herrschaft Gottes (1 Kor 15,23–28). In der Johannesoffenbarung kommt das himmlische Jerusalem von oben. Es wächst nicht – krumm und einsturzgefährdet wie der Turm von Babel (Gen 11,1–9) – aus der Erde empor. Diese endzeitliche Stadt und das Ziel aller Schöpfung übersteigen menschliches Vermögen. Das entlastet. Die Rettung kommt auf den Menschen zu. Die Vollendung wird ihm geschenkt.

Und doch liegt alles auch am menschlichen Einsatz. An keiner Stelle des Neuen Testaments wird für Passivität geworben. Von Händen im Schoß oder auf dem Rücken redet das Neue Testament nicht. Im Gegenteil: Aus der Zusage resultiert eine Aufgabe. Schon in der Ankündigung des Gottesreichs stehen Indikativ und Imperativ – in dieser Reihenfolge – nebeneinander: „Die Zeit ist erfüllt, und nahe gekommen ist das Reich Gottes. Kehrt um und glaubt an das Evangelium!" (Mk 1,15) Auf geheimnisvolle und letztlich nicht auslotbare Weise wirken Gott und Mensch zusammen.

Besonders deutlich wird dies im Johannesevangelium. Gott bleibt gegenüber seiner Schöpfung nicht passiv. Er tut, was für gnostische Ohren ein Skandal und für die

## Gekreuzigte Liebe: Anpackende Solidarität und ernste Zuneigung

platonische Philosophie eine Unmöglichkeit ist: Er wird Mensch. Er steigt in seine Schöpfung ein. Er kniet sich hin, wäscht Füße, gibt Speise und lässt am Ende sogar sich und seine Liebe kreuzigen. Mehr Solidarität und Einsatz in und für die Schöpfung kann man sich kaum denken. Er kam in die Welt, „nicht um die Welt zu richten, sondern um sie zu retten" (Joh 12,47). Die Fußwaschung fasst die gesamte Lebensbewegung Jesu zusammen. Er versteht sein Tun als Dienst und Fürsorge, sein Leben als Brot und Licht, sich selbst als guten Hirten.

Am Ende der Fußwaschung heißt es: „Ich habe euch ein Beispiel gegeben, damit auch ihr so handelt, wie ich an euch gehandelt habe." (Joh 13,15) Der Mensch steht nicht in oder gar über der Schöpfung. Er tritt sie nicht mit Füßen. Er kniet sich hinein. Er wirkt in der Welt in hingebungsvoller Weise: solidarisch, selbstlos und sensibel für das Leid und die Sehnsucht aller Geschöpfe.

Schöpfung schweißt zusammen. Unter den Augen eines gemeinsamen Schöpfers wächst eine Familie. Der Plural ist entscheidend: Es geht um das Wir und nicht um das eigene Ego. Neutestamentliche Schöpfungstheologie ist stets auf eine universale Gemeinschaft ausgerichtet. Im Angesicht des Schöpfers und bei der Aufgabe, die Schöpfung zu schützen und zu erhalten, verschwinden Grenzen – seien sie ethnisch, sozial oder religiös. Schöpfungsverantwortung basiert auf der kreatürlichen Gemeinsamkeit aller Menschen, ja mehr noch: „Wir wissen, dass die ganze Schöpfung mitjammert und in Wehen liegt, bis zum heutigen Tag." (Röm 8,22) Wer die Schöpfung so wahrnimmt, in dessen

VIII. Die Schöpfung: Ein neutestamentliches Panorama

Herz brennt stets ein Funke mitfühlender und einsatzbereiter Solidarität.

## 4. Eine ökumenische Chance: Schöpfung verbindet

Mit eindringlichen Worten wendet sich Papst Franziskus in seiner Enzyklika „Laudato si'" „an die gesamte Menschheitsfamilie", um „unser gemeinsames Haus zu schützen" und alle Menschen „in der Suche nach einer nachhaltigen und ganzheitlichen Entwicklung zu vereinen" (13): „Wir brauchen ein Gespräch, das uns alle zusammenführt, denn die Herausforderung der Umweltsituation, die wir erleben, und ihre menschlichen Wurzeln interessieren und betreffen uns alle." (14)

Die Schöpfungsthematik und Umweltproblematik könnten zur interreligiösen, ja universalen Brücke werden und die Chance eröffnen, Gemeinsamkeiten zu entdecken, gemeinsam Verantwortung zu übernehmen und verantwortlich auch miteinander umzugehen.

Schon im Neuen Testament verbindet das Thema „Schöpfung" Menschen unterschiedlichster Couleur und Ausrichtung. Unter den Augen des Schöpfers gibt es plötzlich nicht mehr Juden oder Griechen, Sklaven oder Freie. Zunächst einmal sind – schöpfungstheologisch gedacht und gesprochen – alle Menschen Geschöpfe Gottes. „Er lässt seine Sonne aufgehen über Bösen und Guten und lässt regnen über Gerechte und Ungerechte." (Mt 5,45) Von einem universalen Ton ist der Schluss des öffentlichen

## Eine ökumenische Chance: Schöpfung verbindet

Wirkens Jesu im Matthäusevangelium geprägt. Jede noch so kleine soziale Tat der Fürsorge und Liebe wird – ohne weiteres Ansehen der Person – von Jesus geadelt und als quasi anonymes christliches Handeln verstanden: „Amen, ich sage euch: Was ihr für einen meiner geringsten Brüder getan habt, das habt ihr mir getan." (Mt 25,40) Der gemeinsame Einsatz verbindet. Die hochgekrempelten Ärmel und die gemeinsam übernommene Verantwortung legen Fundamente, auf denen etwas wachsen kann: auch mitmenschlich, ökumenisch und interreligiös.

Die Apostelgeschichte sieht die Schöpfungsthematik als entscheidende Kommunikationsbasis. Anhand des Themas und anhand der gemeinsamen Schöpfungserfahrung lässt sich ins Gespräch kommen: über Gott und die Welt, über den Menschen und die Gesellschaft, über die Art der Gottesverehrung und eine gemeinsame urmenschliche Sehnsucht nach Leben, Glück und Vollkommenheit.

Die Johannesoffenbarung zeichnet sich nun nicht gerade durch einen sehr integrativen Ansatz aus. Johannes zieht die Grenzen scharf: zwischen der reichsrömischen Gesellschaft und den Christen, die er als Stadt sui generis definiert und ins gesellschaftliche Abseits schickt. Erstaunlicherweise schlägt die Apokalypse aber einen verbindenden und universalen Ton an, wenn es um die Bewahrung der Schöpfung geht. Hier wird unterschieden zwischen jenen, die den Namen Gottes fürchten und die Schöpfung respektieren, und jenen, „die die Erde verderben" (Offb 11,18). Am Ende wandeln alle Völker – mit dem griechischen Wort τὰ ἔθνη dürfte gerade die universale Völker-

## VIII. Die Schöpfung: Ein neutestamentliches Panorama

welt gemeint sein – im Licht der himmlischen Gottesstadt (Offb 21,24). Die Schöpfung und auch die Neuschöpfung verbinden Menschen. Das offene Ohr macht den Unterschied. Zumindest beendet Johannes jedes der sieben Sendschreiben an die kleinasiatischen Städte mit einem Weckruf, der einen universalen Hallraum voraussetzt: „Wer Ohren hat, der höre, was der Geist den Gemeinden sagt." (Offb 2,7.11.17.29; 3,6.13.22)

Dass Christen – welcher Konfession auch immer – aufgrund ihres gemeinsamen Glaubens an Gott zusammenarbeiten und die Schöpfung wie einen kostbaren Schatz hüten und pflegen, sollte eine Selbstverständlichkeit sein. Aber auch die interreligiösen Verbindungspotenziale des Themas „Schöpfung" wären zu heben. Weil die Schöpfung in jeder Religion Teil eines theologischen Geflechts und thematischen Netzwerks ist, wäre ein Kennenlernen der jeweils anderen Religion – im gemeinsamen Einsatz für die Schöpfung – eine schöpfungstheologische Zugabe. Man lernt eben anhand der Schöpfungssicht auch etwas über das Gottes- und Menschenbild, das ethische Handeln und die Zukunftshoffnung der Glaubensrichtung. Gerade in einer Welt, in der Religion eher zu trennen als zu verbinden scheint, wäre dies ein enorm wichtiges und einladendes Zeichen: Im Einsatz für die Schöpfung stehen Gläubige Seite an Seite!

## 5. Spiegel und Wegweiser: „Ich begegne ihm täglich."

Der Glaube – auch der Glaube an einen weisen Schöpfer als Ursprung der Welt und des Lebens – bietet eine Perspektive und einen Deutungsschlüssel: Aus der Beobachtung der Schöpfung, aus der Heiligen Schrift und gestützt auf die Erfahrung so vieler gläubiger Menschen wächst das Vertrauen in einen guten Urgrund und ein hoffnungsvolles Ziel der Schöpfung.

Christliche Schöpfungstheologie bleibt dabei erstaunlich nüchtern und realistisch. Der Mensch lebt jenseits von Eden, in einem „lost paradise". Soll der Glaube tragfähig sein, muss er der facettenreichen Lebenserfahrung Rechnung tragen und eine kohärente und möglichst umfassende Sicht von Leben und Welt ermöglichen. Es wäre sicher zu wenig, sich in einem entzückten Lobpreis der Schöpfung zu ergehen, ohne auch die andere Seite wahrzunehmen. Christliche Schöpfungstheologie findet sich nicht einfach mit dieser Schöpfung ab, so wie sie ist und erlebt wird. Was auch immer mit dieser Schöpfung passiert sein mag, sie ist nicht mehr im gottgewollten Urzustand und noch nicht am Ziel.

Der Glaube an einen Schöpfergott hat darum auch etwas Widerständiges und Energisches. Er beinhaltet – inmitten aller Erfahrungen von Leid und Schmerz – ein trotziges Bekenntnis. Der Glaube hält, allen Unkenrufen zum Trotz, an der Sinnhaftigkeit des Lebens und der bleibenden Zugewandtheit des Schöpfers fest. Was wäre die Alternative? Wenn das Leid Gott leugnet, macht es sich selbst end-

## VIII. Die Schöpfung: Ein neutestamentliches Panorama

gültig. Nein, könnte sich diese Schöpfung auf keinen Gott stützen, gäbe es überhaupt keinen Grund, nur fasziniert auf sie zu schauen – es sei denn, man hat zufällig das glückliche Los gezogen, das tröstet und zu verdrängen hilft.

Ein wesentliches Merkmal des Neuen Testaments ist sicherlich die christologische Ausrichtung des Schöpfungskonzepts. Am Leben und der Botschaft Jesu lässt sich Grundlegendes ablesen über den Sinn und das Ziel dieser Schöpfung, aber auch über das Leben und Verhalten in ihr. Das urchristliche Bekenntnis – vom Johannesevangelium über Paulus bis hin zur Johannesapokalypse – ist markant und eindeutig: In Jesus überwindet Gott die Distanz und steigt leibhaftig in diese Schöpfung ein. Näher kann man der leidenden Kreatur nicht kommen.

Inhalt und Aussage dieser Glaubensüberzeugung muss man sich deutlich vor Augen führen. Gott schaut nicht mitfühlend oder machtlos von außen auf seine Schöpfung hernieder. Er lässt die Schöpfung nicht fallen. Er nimmt seine Schöpfung an der Hand und führt sie ans Ziel. Von innen heraus geschieht die Verwandlung. Das meint doch die Rede von Christus, dem „letzten Adam" (1 Kor 15,45). Die Urchristen erkennen in der Auferweckung Jesu das Schöpfungshandeln Gottes. Eine neue Schöpfung bricht an. Hier scheint auf, was alle Welt erhofft und ersehnt: „Der Tod wird nicht mehr sein, auch nicht Trauer, auch nicht Klage, Mühsal wird nicht mehr sein, denn was zuerst war, ist vergangen." (Offb 21,4) Darum kann es heißen: „Denn wie in Adam alle sterben, so werden in Christus alle lebendig gemacht werden." (1 Kor 15,22) Die Passivform ist entscheidend. Wie Jesus – den ältesten Osterbekenntnissen nach – „auferweckt worden ist" (1 Kor 15,4), so hofft auch der Mensch auferweckt zu werden. So hofft die Schöpfung, verwandelt zu werden. In diesem Sinn ist Jesus „Erstling der Entschlafenen" (1 Kor 15,20) und Anbruch einer neuen Schöpfung: „Gott hat den Herrn auferweckt, und er wird auch uns auferwecken durch seine Kraft." (1 Kor 6,14)

Die Schöpfung ist gebrochen. Das Leben ist endlich. Der Mensch und die gesamte Schöpfung leben im Vorläufigen, nicht im Letzten. Das mag von der Sisyphusarbeit befreien, sich selbst retten oder alles aus diesem Leben herausholen zu wollen. Die Endlichkeit des Lebens zeigt sich nicht nur in der Tatsache, dass der Mensch sterblich ist. Die Endlichkeit prägt das gesamte Leben und die Schöpfung insgesamt. Auch das begrenzte Vermögen, die mangelnde Einsicht oder der gebrochene Wille sind Zeichen der Endlichkeit des Lebens. Christliche Schöpfungstheologie fordert zur Anerkennung der eigenen Kreatürlichkeit auf, ohne dabei in eine Totenstarre oder nihilistische Depression zu verfallen. Welt, Leben und Mensch sind geadelt durch ihre Abstammung von Gott und – mit den Augen des Glaubens betrachtet – mit einer Hoffnung im Reisegepäck unterwegs. Nur ohne den Glauben an Gott wären Passivität und Depression eine Option.[28]

Trotz aller paradoxen Schöpfungserfahrung hält der Glaube doch daran fest, dass diese Schöpfung nach wie vor nur existiert, weil Gott sie anblickt. Schöpfung und Leben sind trotz – und womöglich ja sogar gerade in – aller

## VIII. Die Schöpfung: Ein neutestamentliches Panorama

Gebrochenheit Raum der Gegenwart Gottes. Sie trägt die Gravuren des Schöpfers. Im Besten vom Besten – in Momenten tiefen Glücks, im Beobachten von Schönheit und Weite der Welt, in aufrichtiger Liebe und hingebungsvoller Fürsorge – verbirgt sich eine Ahnung vom Ursprung und Ziel der Schöpfung, vom Willen und Handeln des Schöpfers.

Insofern hat der Naturwissenschaftler schon recht, wenn er die Welt der Zahlen, Daten und Fakten hinter sich lässt und als Gläubiger ins Mikroskop oder durch das Teleskop blickt: „Ich begegne ihm täglich." Gott spiegelt sich in der feingliedrigen Struktur des Lebens und der überbordenden Größe des Alls. Doch nicht nur dort, mahnt das Neue Testament. Nicht nur die Schönheit, auch die Hässlichkeit, nicht nur die lebensstrotzende Kraft, auch die gekreuzigte Ohnmacht sind fortan Spiegel und Fingerzeig des Schöpfers. Der urchristliche Glaube bekennt eben auch, dass die Schöpfung seit Jesus in all ihrer Gebrochenheit die Gravur Gottes trägt und Hoffnung atmet.

# Anmerkungen

1 Eine ausführliche Darstellung – auch mit Blick auf weitere Schöpfungsmythen aus Ägypten, Kleinasien und Persien – bieten R. G. Kratz – H. Spieckermann, Schöpfung. II. Altes Testament, in: TRE 30 (1999) 258–283, besonders 260–261.
2 D. Steinwede – D. Först (Hrsg.), Die Schöpfungsmythen der Menschheit, Düsseldorf 2004, 8.
3 Übersetzung aus Steinwede – Först, Schöpfungsmythen (s. Anm. 2), 20. Eine kritische Edition der hier zitierten Tafel IV des Epos bieten T. R. Kämmerer – K. A. Metzler, Das babylonische Weltschöpfungsepos Enūma elîš (AOAT 375), Münster 2012, 332–336.
4 K. Schmid, Theologie des Alten Testaments (NTG), Tübingen 2019, 272.
5 Ebd., 274.
6 Zu den im Neuen Testament verwendeten Begrifflichkeiten vgl. H.-J. Eckstein, Durch ihn ist alles geschaffen worden und wir durch ihn. Schöpfung aus neutestamentlicher Perspektive, in: B. Janowski – F. Schweitzer – C. Schwöbel (Hrsg.), Schöpfungsglaube vor der Herausforderung des Kreationismus (ThID 6), Neukirchen-Vluyn 2010, 54–68, hier 56–58.
7 Vgl. dazu den Beitrag von U. Lüke, Urknall, Evolution und Schöpfung. Ergänzung oder Widerspruch, in: WuB 21 (2016) 10–17.
8 Vgl. dazu G. Vanoni – B. Heininger, Das Reich Gottes. Perspektiven des Alten und Neuen Testaments (NEB.T 4), Würzburg 2002, 75–96.
9 Vgl. die Ausführungen zum „Königreich Gottes als gesellschaftlicher Gegenentwurf zur erfahrenen irdischen Herr-

schaft" von A. Strotmann, Der historische Jesus: eine Einführung (UTB 3553), Paderborn 2012, 109–115.

10 Siehe dazu W. Bösen, Für uns gekreuzigt? Der Tod Jesu im Neuen Testament, Freiburg 2018, 143–144.

11 Einen kurzen Blick auf weitere synonyme Ausdrücke und die jeweiligen Vorstellungshintergründe bietet W. Eckey, Das Lukasevangelium unter Berücksichtigung seiner Parallelen. Teilband I. 1,1–10,42, Neukirchen-Vluyn 2004, 473–474.

12 Die entsprechenden „Thema-Wörter" in der Bibel Israels, in der griechischen Überlieferung und in der Umwelt des Neuen Testaments analysieren Vanoni – Heininger, Reich Gottes (s. Anm. 8), 15–49, 66–74.

13 Siehe dazu den Exkurs zum „johanneischen Logos" von M. Theobald, Das Evangelium nach Johannes. Kapitel 1–12 (RNT), Regensburg 2009, 117–119.

14 Vgl. dazu S. Vollenweider, Wahrnehmungen der Schöpfung im Neuen Testament, in: ZPT 55 (2003) 246–253, hier 252–253.

15 Dazu M. Theobald, Der Kolosserbrief, in: M. Ebner – S. Schreiber (Hrsg.), Einleitung in das Neue Testament (KStTh 6), Stuttgart 2008, 425–439, hier 427–429.

16 M. Konradt, Schöpfung und Neuschöpfung im Neuen Testament, in: K. Schmid (Hrsg.), Schöpfung (Themen der Theologie 4; UTB 3514), Tübingen 2012, 121–184, hier 168.

17 M. Dibelius, Der erste christliche Historiker, in: Ders., Aufsätze zur Apostelgeschichte. Hrsg. von H. Greeven (FRLANT 60), Göttingen [4]1961, 108–119, hier 116–117.

18 Eine qualifizierte Einführung in das philosophische Denken der kaiserzeitlichen Stoa und Epikurs bietet H.-J. Klauck, Die religiöse Umwelt des Urchristentums. II. Herrscher- und Kaiserkult, Philosophie, Gnosis (KStTh 9,2), Stuttgart u. a. 1996, 75–123.

19 Vgl. H.-J. Klauck, Magie und Heidentum in der Apostelgeschichte des Lukas (SBS 167), Stuttgart 1996, 106–107.

## Anmerkungen

20 Eine Einführung in die Johannesapokalypse und entscheidende Leseschlüssel zum Verständnis der ganz auf die sinnliche Wahrnehmung ausgerichteten Schrift bietet K. Backhaus, Die Vision vom ganz Anderen. Geschichtlicher Ort und theologische Mitte der Johannes-Offenbarung, in: Ders. (Hrsg.), Theologie als Vision. Studien zur Johannes-Offenbarung (SBS 191), Stuttgart 2001, 10–53.

21 Die aktuellen Forschungspositionen zur Datierung der Johannesoffenbarung rezipiert M. Karrer, Johannesoffenbarung. Teilband I. Offb 1,1–5,14 (EKK XXIV/1), Ostfildern – Göttingen 2017, 50–56.

22 Vgl. dazu K. Wengst, „Wie lange noch?" Schreien nach Recht und Gerechtigkeit – eine Deutung der Apokalypse des Johannes, Stuttgart 2010, 222–237.

23 Vgl. dazu H.-G. Gradl, Ein Buch wie ein Spiegel. Anmerkungen zur Auslegungs- und Wirkungsgeschichte der Johannesapokalypse, in: CrSt 41 (2020) 463–512.

24 C. S. Lewis, Über die Trauer. Mit einem Vorwort von Verena Kast (Edition Richarz), Hameln 1992, 29.

25 J. Behm, καινός, in: ThWNT 3 (1938) 450–456, hier 451.

26 C. S. Lewis, Über den Schmerz, Gießen ³1995, 93.

27 Schmid, Theologie (s. Anm. 4), 268.

28 Die motivierende und zum Einsatz für die Schöpfung bewegende Kraft des Glaubens und insbesondere des Osterbekenntnisses unterstreicht C. Link, Schöpfung. Ein theologischer Entwurf im Gegenüber von Naturwissenschaft und Ökologie, Neukirchen-Vluyn 2012, 371: „Denn wenn durch die Auferstehung die Situation zwischen Gott und der Welt in einer so grundsätzlichen Weise verändert ist, wie das Neue Testament es bezeugt: ‚Siehe, *Neues* ist geworden!' (2 Kor 5,17), dann muss man ihre Kraft in unserem praktischen Umgang mit der Welt spüren. Denn Hoffnung geht über das bloße Abwarten und Sich-Bewahren hinaus. Sie drängt zu aktiver Gestaltung, manifestiert sich als ‚schöpferische Erwartung'."

# Stellenregister

Pagane Literatur

*Aratus*
Phaenomena 5　　91

*Atramchasis-Epos*　12–13

*Enuma-elisch-Epos*　12; 13–15; 17; 18

*Epiktet*
Enchiridion 53　　91

*Seneca*
De Beneficiis IV,26　39–40

Frühjüdische Literatur

*4 Esra*
7,11　　60
7,30–31　　68–69
7,50　　68

*Philo von Alexandrien*
De opificio mundi 16　　76
De somniis 1,62　　76
De specialibus
legibus 1,32　　64

*Die Übersetzung der Bibelstellen stammt – soweit nicht anders angegeben – vom Autor.*

Altes Testament

| Gen | |
|---|---|
| 1–9 | 20 |
| 1–3 | 20 |
| 1 | 20; 21 |
| 1,1–2,4a | 16; 17; 97 |
| 1,1 | 18; 45 |
| 1,2 | 84 |
| 1,5 | 18 |
| 1,7 | 18; 24 |
| 1,8 | 18 |
| 1,9 | 18; 24 |
| 1,10 | 18 |
| 1,11 | 18; 24 |
| 1,12 | 18 |
| 1,13 | 18 |
| 1,14–18 | 17 |
| 1,14 | 18 |
| 1,15 | 18; 24 |
| 1,18 | 18 |
| 1,19 | 18 |
| 1,21 | 18 |
| 1,22 | 18 |
| 1,23 | 18 |
| 1,24 | 18; 24 |
| 1,25 | 18 |
| 1,26–27 | 17 |

## Stellenregister

| | | | |
|---|---|---|---|
| 1,28 | 18 | 119,105 | 56 |
| 1,30 | 18; 24 | 124,5 | 104 |
| 1,31 | 18; 32; 109 | | |
| 2 | 21 | *Sir* | |
| 2,4b–3,24 | 57 | 1,4 | 75 |
| 2,4b–25 | 16; 97 | | |
| 2,2 | 15 | *Jes* | |
| 2,5 | 19 | 25,6–9 | 54 |
| 2,7 | 92 | 51,4 | 56 |
| 2,8 | 19 | 65–66 | 21 |
| 2,9 | 99 | 65,17 | 21 |
| 2,10 | 98 | | |
| 3 | 50; 77 | *Ez* | |
| 3,8 | 99 | 1,10 | 104 |
| 3,10 | 99 | 10,14 | 104 |
| 3,17 | 100 | 37,5 | 84 |
| 3,23 | 99 | | |
| 6 | 20 | *Dan* | |
| 6,6 | 20 | 7,4 | 104 |
| 9 | 20; 21 | 7,9 | 102 |
| 9,1–13 | 88 | | |
| 9,4 | 88 | *Joel* | |
| 9,13 | 103–104 | 3,2 | 84 |
| 11,1–9 | 124 | | |
| | | *Sach* | |
| *Ex* | | 14,8–9 | 98 |
| 3,5 | 104 | | |

### Neues Testament

| | | | |
|---|---|---|---|
| *Ijob* | | | |
| 1,6–11 | 30 | | |
| 1,9 | 108 | *Mt* | |
| 1,11 | 107–108 | 5,45 | 39; 126 |
| | | 6,9 | 37 |
| *Ps* | | 6,11 | 35; 38 |
| 2,2 | 93 | 6,14 | 37 |
| 18,5 | 104; 118 | 6,26 | 37 |
| 19,2 | 9; 118 | 6,32 | 37 |
| 46,3–5.8 | 98–99 | 13,24–30 | 37 |
| 104,29 | 39 | 15,13 | 37 |
| 104,30 | 84 | 25,40 | 127 |

## Stellenregister

| | | | |
|---|---|---|---|
| *Mk* | | 6,1–15 | 52 |
| 1,15 | 29; 124 | 6,16–21 | 52 |
| 4,3–9 | 37 | 8,12 | 50; 56 |
| 4,8 | 37 | 9,1–41 | 52 |
| 4,20 | 37 | 9,2–3 | 118 |
| 4,31–32 | 37 | 9,3 | 33 |
| 6,37 | 118 | 9,39 | 54 |
| 7,34 | 33 | 10,11 | 55 |
| 14,25 | 30 | 11,1–44 | 52 |
| 14,36 | 37 | 11,35 | 33 |
| | | 12,46 | 47; 56 |
| *Lk* | | 12,47 | 52; 125 |
| 6,35 | 40 | 13,15 | 125 |
| 7,34 | 118 | 14,1–3 | 51 |
| 10,17–20 | 29–32 | 14,3 | 49 |
| 10,18 | 107 | 14,6 | 49; 54 |
| 11,2 | 37 | 15,18–19 | 55 |
| 11,13 | 37 | 16,33 | 56 |
| 11,20 | 34; 41 | 19,41–42 | 57 |
| 12,16–20 | 40 | 20,11–18 | 57 |
| 12,24 | 36 | 20,15 | 57 |
| 12,25 | 39 | 20,30 | 52 |
| 12,27 | 36 | 20,31 | 50 |
| 12,28 | 36; 41 | | |
| 12,30 | 35 | *Apg* | |
| 24,49 | 84 | 1,1–8,3 | 80 |
| | | 1,5 | 84 |
| *Joh* | | 1,8 | 80; 87 |
| 1,1–5 | 45–48 | 2,1–13 | 84 |
| 1,3–4 | 49 | 2,7–11 | 85 |
| 1,14 | 47; 49 | 3,2 | 83 |
| 1,18 | 49 | 4,23–31 | 79–85 |
| 2,1–11 | 52 | 4,24 | 82 |
| 2,9–10 | 53 | 4,26 | 93 |
| 2,11 | 52 | 4,30 | 83 |
| 3,16 | 50 | 4,31 | 84 |
| 3,19 | 48 | 4,32 | 84 |
| 4,14 | 55 | 4,33 | 85 |
| 4,46–54 | 52 | 4,35 | 85 |
| 5,1–18 | 52 | 5,29 | 93 |

## Stellenregister

| | | | |
|---|---|---|---|
| 7,59 | 80 | *1 Kor* | |
| 8,4 | 80 | 1,2 | 65 |
| 9,15 | 92 | 1,24 | 65 |
| 14,8–18 | 85 | 6,14 | 131 |
| 14,11–13 | 85–86 | 12,13 | 61 |
| 14,14–18 | 86 | 15,4 | 131 |
| 14,15 | 89; 92 | 15,20 | 42; 66; 131 |
| 15 | 87 | 15,22 | 130–131 |
| 15,15–20 | 88 | 15,23–28 | 124 |
| 17,7 | 93 | 15,26 | 66; 113 |
| 17,16 | 92 | 15,44 | 66 |
| 17,24 | 92 | 15,45 | 66; 67 |
| 17,25 | 87 | | |
| 17,26 | 90 | *2 Kor* | |
| 17,27–28 | 90 | 3,18 | 69 |
| | | 4,10 | 62 |
| *Röm* | | 5,17 | 62; 69; 70; 122 |
| 1,6 | 65 | 12,7–8 | 60 |
| 1,19–21 | 63 | 12,9–10 | 60 |
| 1,20 | 118 | | |
| 4,17 | 66 | *Gal* | |
| 6,4–5 | 67–68 | 1,6 | 65 |
| 6,4 | 116 | 1,15 | 64 |
| 6,8 | 62; 68 | 1,16 | 64 |
| 8,3 | 65 | 3,26 | 61 |
| 8,11 | 66–67 | 4,4–5 | 65 |
| 8,14 | 61 | 4,6 | 38 |
| 8,15 | 38 | 4,13 | 60 |
| 8,18–23 | 59–62 | 6,15 | 71; 116; 122 |
| 8,18 | 61; 69 | | |
| 8,19 | 61 | *Phil* | |
| 8,20 | 105 | 1,13 | 60 |
| 8,21 | 62; 69 | 2,1–5 | 122 |
| 8,22 | 111; 120; 125 | 2,5 | 71 |
| 8,25 | 70–71 | 2,6–11 | 122 |
| 8,28 | 65 | 2,10–11 | 122 |
| 8,38–39 | 65 | | |
| 9,24 | 65 | *Kol* | |
| | | 1,15–20 | 73–78 |
| | | 2,8 | 73–74 |

| | | | |
|---|---|---|---|
| 2,15–23 | 74–75 | 12,12 | 108; 109 |
| 3,1 | 77 | 12,14 | 110 |
| 3,9–11 | 71 | 13,1 | 104 |
| | | 13,4 | 123 |
| *Offb* | | 13,5 | 110 |
| 1,1 | 96 | 13,6 | 123 |
| 1,9 | 109 | 13,7 | 123 |
| 2–3 | 96; 102; 108 | 13,15 | 123 |
| 2,7 | 128 | 13,16–17 | 123 |
| 2,11 | 128 | 17,4 | 123 |
| 2,17 | 128 | 18,3 | 123 |
| 2,29 | 128 | 18,4 | 101 |
| 3,6 | 128 | 18,7 | 123 |
| 3,13 | 128 | 18,11–14 | 123 |
| 3,22 | 128 | 20 | 108 |
| 4–5 | 108 | 21–22 | 113 |
| 4,1–11 | 102–107 | 21 | 108; 111–114 |
| 4,1 | 102 | 21,1 | 21; 22; 97; 111 |
| 4,2 | 102 | 21,2 | 21 |
| 4,3 | 103 | 21,3 | 100 |
| 4,6–8 | 104 | 21,4 | 113; 130 |
| 4,6 | 104 | 21,5 | 107; 108; 111 |
| 4,11 | 105 | 21,6 | 112 |
| 5,1–14 | 112 | 21,24 | 128 |
| 6,10 | 110 | 21,25 | 99 |
| 7,14 | 109 | 21,27 | 100 |
| 11,2 | 110 | 22,1–7 | 95–101 |
| 11,3 | 110 | 22,1 | 98; 100; 112 |
| 11,18 | 101; 106; 127 | 22,3 | 100 |
| 12 | 108 | 22,5 | 99 |
| 12,1–18 | 107 | 22,13 | 110 |
| 12,4 | 108 | 22,15 | 123 |
| 12,6 | 110 | 22,17 | 99 |
| 12,10 | 108 | | |